本书受以下项目资助：
国家现代农业产业技术体系（油菜专项CRS12）
省社科基金一般项目(后期资助项目）
湖北省教育厅人文社会科学研究项目

经济管理学术文库·经济类

中国油菜产业化问题研究

Research on Rape Industrialization In China

刘　成　唐　晶　冯中朝／著

经济管理出版社

ECONOMY & MANAGEMENT PUBLISHING HOUSE

图书在版编目（CIP）数据

中国油菜产业化问题研究/刘成，唐晶，冯中朝著 . —北京：经济管理出版社，2022.6
ISBN 978-7-5096-8445-0

Ⅰ.①中⋯ Ⅱ.①刘⋯ ②唐⋯ ③冯⋯ Ⅲ.①油菜—蔬菜产业—产业发展—研究—中国
Ⅳ.①F326.13

中国版本图书馆 CIP 数据核字（2022）第 086453 号

组稿编辑：郭　飞
责任编辑：郭　飞
责任印制：黄章平
责任校对：陈　颖

出版发行：经济管理出版社
　　　　　（北京市海淀区北蜂窝 8 号中雅大厦 A 座 11 层　　100038）
网　　　址：www. E-mp. com. cn
电　　话：（010）51915602
印　　刷：唐山玺诚印务有限公司
经　　销：新华书店
开　　本：720mm×1000mm/16
印　　张：12.75
字　　数：180 千字
版　　次：2022 年 7 月第 1 版　　2022 年 7 月第 1 次印刷
书　　号：ISBN 978-7-5096-8445-0
定　　价：88.00 元

前　言

　　油菜作为中国第一大油料作物，在中国食用油供给市场中占有举足轻重的地位，菜籽油也是目前最健康和最有营养的大宗油料品种，因此也有"国油"之称的美誉。长期以来，国内外油菜籽在生产成本方面存在着巨大差异，国产油菜籽价格长期远高于进口油菜籽，国产油菜产业缺乏国际竞争力，中国油菜产业的健康发展面临严重的挑战。当前，我国油菜产业化水平不高，是制约油菜产业发展的关键因素，因此，要厘清油菜产业化所面临的问题，从而提升我国油菜产业竞争力，实现我国油菜产业健康发展。

　　本书从生产、加工、贸易以及政策等方面对油菜产业化问题进行系统梳理。第一，本书通过对比我国与其他国家在油菜产业发展方面存在的差距，并试图厘清我国油菜产业竞争力低的主要原因。第二，在生产方面，在总结我国农业和油菜生产的农业化学品使用在时间和空间现状差异的基础之上，测算出我国油菜最优施肥水平及减量空间，并进一步从化肥投入的角度分析化肥投入对油菜生产成本效率的影响。第三，在加工方面，针对我国食用植物油市场"劣币驱逐良币"的问题，本书通过深入剖析油菜生产者、加工者以及消费者之间的博弈关系，尝试为破解当前我国油菜发展困境寻找可行路径。第四，在贸易方面，基于中美贸易冲突的背景，分析了加征大豆关税的合理性和必要性，以及加征大豆关税对大豆、油菜产业的影响；此外，在分析我国油菜籽市场短期风险的基础上，探讨建立油菜价格预警机制，通过分析油菜籽历史价格数据设置油菜籽价格波动警度与警限，并建立警源分析模型。第五，在政策方面，以我国油菜临时收储政策取消为例，探究农业政策变动背景下各种因素对农民种植意愿的影响机制，并结合国内外油菜产业发展形势，对我国油菜产业发展现状、困境以及潜力进行系统梳理，为促进我国油菜产业发展提出相关对策建议。

本书可能的创新之处在于：

第一，研究方法的创新。通过测算油菜产业国际竞争力、利用国际市场占有率、贸易专业化系数以及显示性竞争优势指数等指标，测算出我国油菜产业国际竞争力；在分析菜籽油市场问题时，采用了博弈论的研究方法，系统剖析油菜籽生产者、加工者以及消费者之间的博弈关系，厘清了食用植物油市场主体的行为逻辑；在测算油菜生产技术效率时，采用了随机前沿生产函数模拟了农户的生产投入行为，并采用 Logistic 模型分析了临时收储政策取消对农户生产意愿的影响。

第二，研究数据的创新。本书根据研究需要，采用了宏观数据和微观数据对相关问题展开研究。需要加以说明的是，在本书第 3 章、第 4 章中所采用的数据是由华中农业大学资源与环境学院作物养分管理课题组提供的，数据资料收集了 2005~2009 年课题组在我国 10 个油菜主产省份的田间试验 1722 份数据，试验过程中的化肥原材料是由试验课题组统一采购，可以忽略地区间化肥价格方面的差异，由于本书重点关注化肥投入对油菜产值的影响机理，所采用的投入产出数据是以自然科学田间试验的"量"为基础，本书根据《全国农产品成本收益资料汇编》数据资料，按照对应的省份和年份计算出 1722 个试验材料的油菜籽产值，将试验材料的数据由"量"向"数值"进行统一转换，然后利用计量模型拟合出化肥投入对油菜产值的影响关系，这种田间试验结果并不会随着时间推移出现变化，因此在短期内，可以忽略时间因素对本书研究结论带来的影响。

第三，研究视野的创新。本书基于对我国油菜产业国际竞争力的分析，着眼于我国油菜产业化的问题，采用宏观分析和微观分析相结合的方法，既从宏观层面分析了我国油菜产业在市场、政策、贸易环境等方面存在的问题，同时也从微观层面分析了农户的化肥、农药使用行为，可以说，在研究农户的行为过程中，充分考量了油菜产业发展所面临的国内外环境。

本书得益于许多人的帮助。我们衷心感谢那些对本书提出有益启示和建议的专家、学者，感谢那些参与本书讨论与校对工作的老师、同学，尤其感谢为本书提供帮助的编辑老师。

受笔者水平所限，编写时间仓促，书中错误和不足之处在所难免，恳请广大读者批评指正。

目　录

第1章 我国油菜产业国际竞争力分析

油菜是我国重要的油料作物，占国内油料作物总量的 55%，我国油菜每年提供食用油约 520 万吨，对保障我国油料及植物食用油供给安全具有重要意义。自 21 世纪以来，中国油菜生产经历了缓慢发展、大幅下滑和平稳恢复阶段。2008 年，国家出台了油菜籽临时收储政策，油菜播种面积开始呈现恢复性增长，2014 年，油菜播种面积和总产量分别达 11381.9 万亩和 1477.2 万吨，创下了历史最高纪录。然而，到 2015 年，我国油菜籽临储收购政策取消之后，政府对油菜的价格保护取消，我国油菜产品不得不直面国际市场竞争，在国内外油菜生产成本悬殊的情况下，进口菜籽对国产菜籽市场形成严重冲击，造成我国油菜种植面积下滑。究其原因，是我国油菜产业缺乏国际竞争力，因此提升我国油菜产品的国际竞争力成为我国油菜产业的当务之急。

1.1 世界油菜主产国产业发展现状

1.1.1 中国与油菜主产国生产情况对比

我国是油菜生产大国，2020 年我国油菜种植面积将近 676.5 万公顷，2020

年油菜总产量 1404.9 万吨，位居世界第二。从 2008～2020 年的数据来看，2008～2010 年我国油菜的种植面积保持着稳定的增长趋势，2011～2013 年种植面积基本保持稳定。2013 年我国油菜种植面积达 719.349 万公顷，油菜籽总产量达 1363.63 万吨（见表 1-1）。随着 2015 年油菜籽临储收购政策的取消，我国油菜种植规模整体又呈萎缩趋势，但仍保持在 650 万公顷以上。油菜籽总产量于 2014 年达 1391.43 万吨，随后几年有小幅下降，但在 2020 年达到峰值 1404.90 万吨，总体产量从 2016 年开始有回升迹象。从单产来看，自 2011 年以来，我国油菜籽单产保持稳定上升态势，2019 年单产达 2048.39 千克/公顷，年均增长率为 1.11%（见图 1-1）。

表 1-1　2008～2020 年中国油菜种植面积、油菜籽总产量、油菜籽单位面积产量

单位：万公顷，万吨，千克/公顷

年份	油菜种植面积	油菜籽总产量	油菜籽单位面积产量
2008	683.824	1240.32	1813.79
2009	717.032	1353.59	1887.77
2010	731.597	1278.81	1747.97
2011	719.195	1313.73	1826.67
2012	718.665	1340.15	1864.78
2013	719.349	1363.63	1895.64
2014	715.809	1391.43	1943.86
2015	702.766	1385.92	1972.09
2016	662.281	1312.80	1982.25
2017	665.301	1327.41	1995.21
2018	655.061	1328.12	2027.47
2019	658.309	1348.50	2048.39
2020	—	1404.90	—

资料来源：国家统计局。

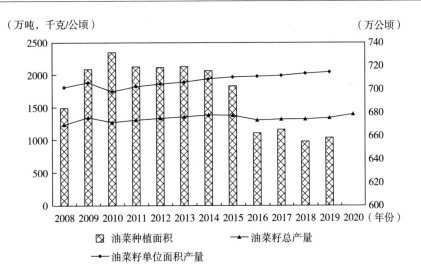

图 1-1　2008~2020 年中国油菜种植面积、油菜籽总产量及油菜籽单位面积产量变化

国际市场上油菜籽主要生产国家和地区有加拿大、欧盟、俄罗斯、乌克兰和澳大利亚，以此作为比较对象。从种植规模来看，2019 年，加拿大油菜种植面积 831.92 万公顷，较 2018 年的 911.97 万公顷下降 8.78%，但种植面积仍位居世界第一，其种植规模是中国的 1.26 倍；2019 年我国已成为世界第二大油菜生产国，2019 年油菜种植面积达 658.309 万公顷，较 2018 年的 655.061 万公顷有小幅上升，在种植面积上我国一直保持着世界第二大生产国的地位；2019 年欧盟油菜种植面积 564.8730 万公顷，较 2018 年的 690.0610 万公顷下降了 18.14%，下降幅度较大（见表 1-2）。从总产量来看，2019 年加拿大油菜籽总产量达 1864.88 万吨，较 2018 年 2034.26 万吨下降 8.23%，总产量仍位居世界第一，其总产量是中国的 1.38 倍（见表 1-3）。2019 年，中国油菜种植规模虽超过欧盟 93.436 万公顷，但其总产量仅为欧盟总产量的 79.13%，可见，欧盟油菜生产相较于中国有一定优势，这一优势也反映在欧盟与中国油菜单位面积产量的数据中（见表 1-4）。比较六大油菜生产国和地区单位面积产量数据，2019 年中国、加拿大、俄罗斯、欧盟的单产水平都呈现一定幅度上升，增长率分为

1.03%、0.50%、8.90%、4.46%，2019 年澳大利亚和乌克兰油菜单位面积产量有一定下降，下降幅度为 9.09%和 3.10%。直至 2019 年，我国油菜籽单位面积产量相较于加拿大、欧盟还存在一定差距，说明我国油菜籽生产还有进一步提升的空间。

表 1-2　2008~2019 年主要生产国油菜种植面积对比　　　单位：万公顷

年份	种植面积					
	中国	澳大利亚	加拿大	俄罗斯	乌克兰	欧盟
2008	683.824	127.7099	649.59	62.4380	137.96	614.8881
2009	717.032	169.2646	651.61	55.6358	101.37	650.9530
2010	731.597	169.4955	685.79	60.7382	86.25	708.6350
2011	719.195	207.7542	758.94	83.9474	83.27	675.2134
2012	718.665	246.0972	886.01	97.6067	54.70	620.5155
2013	719.349	327.1649	823.34	111.1737	99.609	671.0275
2014	715.809	272.0835	839.24	106.2448	86.53	671.3681
2015	702.766	289.6951	836.44	90.3277	67.11	647.7799
2016	662.281	209.0892	826.33	91.1849	44.93	653.7298
2017	665.301	268.1162	927.31	95.5912	78.57	674.2549
2018	655.061	317.1117	911.97	149.9205	103.93	690.0610
2019	658.309	211.9836	831.92	142.6241	127.92	564.8730

资料来源：中国数据来源于国家统计局，其他主产国数据来源于 FAOSTAT，下同。

表 1-3　2008~2019 年主要生产国油菜籽总产量对比　　　单位：万吨

年份	总产量					
	中国	澳大利亚	加拿大	俄罗斯	乌克兰	欧盟
2008	1240.32	121.4373	1264.49	75.2200	287.280	1898.7343
2009	1353.59	184.4157	1289.81	66.6841	187.330	2148.2731
2010	1278.81	190.7272	1278.86	67.0082	146.970	2059.4852
2011	1313.73	235.8735	1460.81	95.6378	143.750	1924.4307
2012	1340.15	342.7294	1386.85	94.5132	120.440	1925.5941
2013	1363.63	414.1731	1855.10	125.9185	235.173	2098.0923

续表

年份	总产量					
	中国	澳大利亚	加拿大	俄罗斯	乌克兰	欧盟
2014	1391.43	383.2049	1641.01	133.7940	219.802	2428.9123
2015	1385.92	354.0021	1837.65	101.2206	173.760	2185.2511
2016	1312.80	277.5479	1959.92	100.0827	115.391	2011.5336
2017	1327.41	431.3230	2132.81	151.0324	219.479	2194.3303
2018	1328.12	389.3071	2034.26	198.8697	275.060	1992.8570
2019	1348.50	236.5839	1864.88	206.0320	328.032	1704.0880

表1-4 2008~2019年主要生产国油菜籽单位面积产量对比

单位:千克/公顷

年份	单位面积产量					
	中国	澳大利亚	加拿大	俄罗斯	乌克兰	欧盟
2008	1813.79	950.9	1946.6	1204.7	2082.3	3087.9
2009	1887.77	1089.5	1979.4	1198.6	1848.0	3300.2
2010	1747.97	1125.3	1864.8	1103.2	1704.0	2906.3
2011	1826.67	1135.3	1924.8	1139.3	1726.3	2850.1
2012	1864.78	1392.7	1565.3	968.3	2201.8	3103.2
2013	1895.64	1265.9	2253.1	1132.6	2361.0	3126.7
2014	1943.86	1408.4	1955.4	1259.3	2540.2	3617.9
2015	1972.09	1222.0	2197.0	1120.6	2589.2	3373.4
2016	1982.25	1327.4	2371.8	1097.6	2568.2	3077.0
2017	1995.21	1608.7	2300.0	1580.0	2793.4	3254.5
2018	2027.47	1227.7	2230.6	1326.5	2646.6	2887.9
2019	2048.39	1116.0	2241.7	1444.6	2564.4	3016.8

1.1.2 中国与世界油菜主产国成本收益对比

近两年来,我国油菜种植成本居高不下且有所上升。根据国家油菜现代农业产业技术体系农户固定观察点数据,2020~2021年我国油菜种植的单位面积产量总成本为 6.3 元/千克, 单位面积产量生产成本为 4.98 元/千克, 单位面积产量现金成本为 5.41 元/千克; 2019~2020 年三种成本分别为 5.17 元/千克、3.19 元/千克、4.48 元/千克, 单位面积产量总成本较上年上升 21.79%, 单位面积产量生产成本较上年上升 27.10%, 单位面积产量现金成本较上年上升 20.69%。

作为世界油菜籽主产国, 加拿大油菜成本相对较低。由于数据的可得性, 以加拿大 2013 年油菜单位面积产量成本作比较, 2021 年我国油菜单位面积产量成本为 5.17 元/千克, 是加拿大 2013 年油菜单位面积产量成本 2.48 元/千克的两倍多 (见表 1-5)。根据加拿大油菜籽委员会公布的数据可知, 2014 年加拿大油菜籽价格为 532.45 加元/吨, 折算后价格为 2.84 元/千克 (1 加元 = 5.34 元人民币), 比我国 2020 年单位面积产量现金成本 4.48 元/千克还低 1.64 元。由以上数据可知, 我国油菜生产成本明显高于加拿大油菜生产成本。

表 1-5　2019~2021 年我国油菜籽单位产量成本收益核算

核算内容	2019~2020 年	2020~2021 年
亩均现金成本 (元/亩)	526.15	621.96
亩均总成本 (元/亩)	606.81	723.83
亩产量 (千克)	117.22	114.80
亩均净利润 (元/亩)	45.67	−42.65
每千克总成本 (元/亩)	5.17	6.30
每千克现金成本 (元/亩)	4.48	5.41
每千克生产成本 (元/亩)	3.19	4.98
成本利润率 (%)	7.53	−5.89

注: 现金成本 = 总成本 - 自营地折租 - 家庭用工投入; 总成本 (不含劳动力) = 户均总成本 - 劳动力成本; 亩均净利润 = 亩均总产值 - 亩均总成本; 每千克净利润占比 = 每千克利润/每千克价格。
资料来源: 国家油菜现代农业产业技术体系农户固定观察点及相关计算。

在收益方面, 2021 年我国较上年下降幅度较大。2020~2021 年亩均净利润为 −42.65 元/亩, 较 2019~2020 年的 45.67 元/亩减少了 88.32 元/亩。由于数据缺失，我们利用现有数据求得加拿大 2014 年、2015 年单价中净利润占比分别为 43.56%、17.10%。相应地，其成本的单价占比分别为 56.44%、82.90%。由于加拿大近两年成本稳定，且规模化与机械化远高于我国，这就证明其成本占比会明显低于 56.44%。也就是说，在收益方面，我国仍落后于加拿大，且这种差距可能有所加大。

由上可知，我国在油菜种植成本和收益方面的竞争力仍落后于其他油菜生产大国。因此，在努力降低生产成本的同时，应提高油菜种植质量、拓宽油菜价值链、深化油菜产业的中国特色，从而有力地提升我国油菜竞争力。

1.1.3　中国油菜产品贸易现状

1.1.3.1　进口数量及进口金额

近年来，我国油菜籽进口量和进口金额呈现波动上升然后波动下降的状态，油菜籽进口量由 2008 年的 130.14 万吨上升至 2014 年的 502.67 万吨，之后连续两年下降至 2016 年的 351.34 万吨，年均下降 14.98%，2018 年增至 446.94 万吨，随着中加关系紧张，2019 年油菜籽进口大幅下降至 249.46 万吨，2020 年有小幅度上升，为 275.59 万吨；进口金额从 2008 年开始上升，一直到 2014 年的 280235.57 万美元，随后减少至 2016 年的 149045.31 万美元，2018 年上升至 222585.63 万美元，2019 年有大幅度下降，为 122289.54 万美元，下降幅度高达 45.06%（见图 1-2）。总体来看，近几年油菜籽进口量和进口额呈现波动下降趋势。

菜籽油的进口量和进口金额总体呈现波动上升趋势。菜籽油进口量由 2008 年的 26.53 万吨上升至 2013 年的 148.58 万吨，后一路下降至 2016 年的 69 万吨，年均下降 13.39%，自 2016 年起，菜籽油进口量及进口额呈明显上升趋势，2020 年进口量达 185.06 万吨，年均增长 33.64%，进口额为 164090.12 万美元，较 2016 年增加了 213.23%（见图 1-3）。

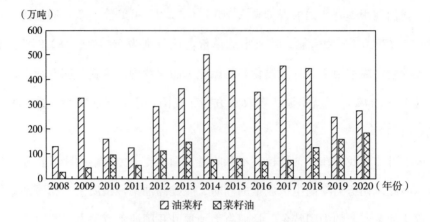

图1-2　2008~2020年我国油菜籽/菜籽油进口量值

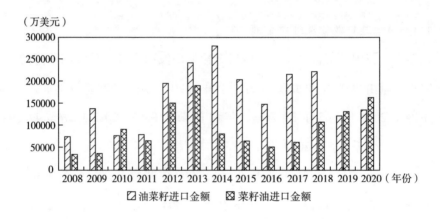

图1-3　2008~2020年我国油菜籽/菜籽油进口金额

值得注意的是，2008~2018年油菜籽和菜籽油进口量和进口额保持相同趋势变化，而从2019年开始，在油菜籽进口量大幅减小的情况下，菜籽油进口量大幅上升，进口额也反超油菜籽的进口额，说明2019年后菜籽油的进口一定程度上替代了油菜籽的进口。

1.1.3.2　进口依存度

进口依存度①主要反映国内产业的生存与发展对进口的依赖程度，用进口量与国内消费量之比来表示。近 12 年来，我国油菜籽进口依存度呈现先下降后上升再下降的趋势。2015~2017 年，进口依存度由 22.28% 上升至 26.49%，2017 年油菜籽进口量为历年最高，在一定程度上解释了进口依存度上升的原因，2017 年以后，我国油菜籽进口依存度持续下降，降至 2020 年的 17.02%（见表 1-6）。菜籽油进口依存度在近几年保持持续上升趋势。由以上数据可知，随着 2015 年油菜籽临储收购政策的取消，国内菜籽油产量有所下降，加之消费需求攀升，在一定程度上造成了菜籽油进口依存度的持续上升。

表 1-6　2008~2021 年油菜籽及菜籽油的进口依存度　　单位:%

年份	油菜籽	菜籽油
2008	21.63	31.45
2009	14.37	28.06
2010	6.39	16.98
2011	16.04	32.58
2012	20.18	47.85
2013	27.20	41.72
2014	24.75	32.93
2015	22.28	27.91
2016	24.62	29.14
2017	26.49	34.34
2018	20.60	34.34
2019	16.00	36.38
2020	17.02	42.97
2021	13.10	30.24

资料来源：美国农业部。

---

①　菜籽油的进口依存度是将进口油菜籽按照 40% 的出油率折算出菜籽油，再加上进口菜籽油计算出来的。

1.1.3.3　进口到岸价及其与国内市场价差

2011～2016 年油菜籽的进口到岸价先上升后逐年降低，2017 年之后进口到岸价有反弹迹象，但反弹幅度较低。2011～2016 年，油菜籽进口到岸价年均下降率为 6.39%，2017～2020 年，油菜籽进口到岸价略高于 3000 元/吨。反观国内油菜籽市场价，与进口到岸价保持相同趋势，2013～2016 年市场价逐年降低，年均下降率为 6.62%，而 2017 年油菜籽国内市场价较上年上升了 23.72%，2020 年国内油菜籽进口小幅下降。通过比较 2014～2019 年油菜籽到岸价和国内市场价的变化趋势可见，虽然国内市场价与到岸价的变化趋势保持一致，但处于价格下行阶段时，国内市场价下降幅度较小；而处于价格上行阶段时，国内市场价上升幅度又相对较大，由此造成油菜籽价差高居不下，而这种价差的存在使我国油菜籽完全处于价格劣势，进而加剧了国外油菜籽向国内市场大量涌进。

菜籽油的进口到岸价与油菜籽进口到岸价保持相同趋势，菜籽油进口到岸价 2008～2016 年逐年下降，2020 年回升到 6117.65 元/吨。菜籽油国内市场价也呈现先下降后上升的趋势，从 2008 年开始逐年下降，年均下降幅度为 4.35%，直到 2016 年菜籽油国内市场价下降到 7212.10 元；从 2017 年开始，国内菜籽油市场价格高涨，2020 年国内菜籽油市场价格为 13276.98 元/吨，较上年减少 0.83%。与菜籽油国内市场价波动相伴的还有菜籽油价差在不断波动，且波动区间较大，直至 2020 年，菜籽油国内市场价比到岸价高 7159.33 元/吨。

进一步分析国内外油菜籽价格倒挂严重的原因，一方面是由于我国油菜生产成本较高，另一方面也受到近年来人民币升值的影响。自 2002 年以来，人民币对美元汇率从 8.28 升值到 2020 年的 6.90，加剧了国内外市场价差。如表 1-7 所示。

表 1-7 2008~2020 年油菜籽、菜籽油进口到岸价及国内市场价差

商品	年份	进口数量（万吨）	金额（万美元）	人民币汇率	进口到岸价（元/吨）	国内市场价（元/吨）	价差
油菜籽	2008	130.14	75441.93	6.95	—	—	—
	2009	326.71	139123.68	6.83	—	—	—
	2010	159.93	77781.52	6.77	—	—	—
	2011	125.11	80189.84	6.46	4141.53	4644.95	503.42
	2012	293.18	195893.93	6.31	4217.73	4920.95	703.22
	2013	364.83	242431.09	6.20	4117.04	5056.53	939.48
	2014	502.67	280235.57	6.14	3424.36	5051.71	1627.35
	2015	437.05	204375.24	6.23	2912.02	4232.84	1320.82
	2016	351.34	149045.31	6.64	2816.83	4051.22	1234.39
	2017	456.83	216416.51	6.75	3199.93	5013.25	1813.32
	2018	446.94	222585.63	6.61	3292.78	5185.58	1892.79
	2019	249.46	122289.54	6.90	3380.87	4903.92	1523.04
	2020	275.59	136220.50	6.90	3410.40	5183.44	1773.04
菜籽油	2008	26.53	35529.90	6.95	9306.28	11066.23	1759.95
	2009	44.40	37725.22	6.83	5804.55	7803.41	1998.86
	2010	96.29	92111.48	6.77	6476.71	8697.54	2220.83
	2011	54.49	66465.97	6.46	7882.10	10277.79	2395.69
	2012	112.82	151666.64	6.31	8485.95	10720.31	2234.37
	2013	148.58	190955.28	6.20	7962.46	9739.47	1777.02
	2014	76.95	81784.64	6.14	6528.10	8421.18	1893.08
	2015	80.91	65744.27	6.23	5060.04	8124.95	3064.91
	2016	69.00	52390.27	6.64	5041.65	7212.10	2170.45
	2017	74.85	62912.66	6.75	5677.68	10973.82	5296.15
	2018	126.23	108347.81	6.61	5675.15	12597.02	6921.87
	2019	159.51	132622.65	6.90	5734.01	13388.11	7654.10
	2020	185.06	164090.12	6.90	6117.65	13276.98	7159.33

资料来源：UNComtrade 数据库、布瑞克农业数据库。

1.2 中国油菜产品国际竞争力测度与分析

1.2.1 中国与油菜主产国油菜产品国际竞争力静态分析

我国油菜籽及其制成品主要贸易国是加拿大和澳大利亚，法国、印度是油菜生产大国，以加拿大、澳大利亚、印度及法国作为比较对象，以 2020 年为时间点，对中国油菜产品包括油菜籽、菜籽油的国际竞争力现状进行了静态的比较分析。

1.2.1.1 国际市场占有率

国际市场占有率（International Market-Possessing Rates，MPR），是指一国某产业的产品出口总额占世界该产业产品出口总额的百分比。计算公式为：

$$MS_{ij} = (X_{ij}/X_{wj}) \times 100\% \tag{1-1}$$

其中，MS_{ij} 表示 i 国家第 j 种商品的国际市场占有率；X_{ij} 表示 i 国家第 j 种商品的出口额；X_{wj} 表示世界第 j 种商品的出口额。一般认为，国际市场占有率越高，该产业国际竞争力越强；国际市场占有率越低，该产业国际竞争力越弱。国际市场占有率的变化在一定程度上反映了国家产业结构或产品的调整及一国或地区消费结构的变化。

中国油菜籽、菜籽油的国际市场占有率非常低，油菜籽在国际市场占有率几乎可以忽略不计，菜籽油的国际市场占有率仅为 0.05%。与其他四个主产国相比，只有菜籽油的市场份额略高于印度，油菜籽的市场份额处在最末位。可见，从国际市场占有率来看，我国油菜产品国际市场份额甚小，严重缺乏竞争力。从产品分类来看，我国菜籽油相较于油菜籽更具竞争力（见表 1-8）。

表 1-8　2020 年各国油菜籽、菜籽油主要生产国的国际市场占有率　　单位:%

品种	中国	加拿大	澳大利亚	法国	印度
油菜籽	0.00	43.20	7.32	5.82	0.00
菜籽油	0.05	37.04	0.07	4.90	0.16

资料来源：UNComtrade 数据库。

1.2.1.2　贸易专业化系数

贸易专业化系数（Trade Specialization Coefficient，TSC），又称贸易竞争指数，是指某一国家或地区某一产业或产品的净出口额与其进出口总额之比。在国外大多数学者将其称为"可比净出口指数"（Normalized Trade Balance，NTB）。计算公式为：

$$TSC_{ij} = (X_{ij} - M_{ij}) / (X_{ij} + M_{ij}) \tag{1-2}$$

其中，X_{ij} 表示 i 国第 j 种商品的出口额，M_{ij} 表示 i 国第 j 种商品的进口额。贸易专业化系数剔除了通货膨胀、经济膨胀等宏观总量方面波动的影响，即无论进出口的绝对量是多少，它均介于 -1~+1，因此在不同时期、不同国家之间是可比的。该指标值为 -1 表示该国或该产业、该产品只进口不出口，+1 表示只出口不进口。从出口角度来看，该指标越接近于 +1 则该国该产品的国际竞争力越强，越接近于 -1 则该国该产品的国际竞争力越弱。

一般认为，若 TSC>0 则表示该产品具有国际竞争力，TSC = 0 则表示该产品具有中性竞争力，TSC<0 则表示该产品缺乏竞争力。若 TSC>0.8 则认为该产品具有较强出口竞争力。但是因为普遍存在鼓励出口和限制进口的政策，使贸易专业化系数不能正确反映产品竞争力的实际优劣状况，但是作为比较静态分析，它可以考察特定时间、特定保护程度下的竞争力。

由表 1-9 可知，中国油菜籽和菜籽油的 TSC 都接近 -1，说明中国的油菜籽基本上只进口不出口，表明中国的油菜产品均缺乏国际竞争力。主要原因在于中国是油菜产品消费大国，对油菜产品的进口量不断增加。和其他主产国相比，中国油菜产品也处于弱势地位，加拿大、澳大利亚、法国的 TSC 值都为正数，尤其是加拿大的 TSC 接近+1，说明其油菜产品具有很强的出口竞争力，也反映出我国油菜产业提升国际竞争力任重道远。

表 1-9　2020 年各国油菜籽、菜籽油主要生产国的贸易专业化指数

品种	中国	加拿大	澳大利亚	法国	印度
油菜籽	−0.999	0.957	0.989	−0.047	−0.210
菜籽油	−0.996	0.982	−0.555	0.515	−0.681

资料来源：UNComtrade 数据库。

1.2.1.3　显示性竞争优势指数

显示性竞争优势指数（Competitive Advantage，CA），是指产品的出口比较优势减去该产品的进口比较优势，从而得到该产品的竞争优势。该指数不仅反映了一个国家在出口贸易中的优势，而且考虑了该产业进口的影响，同时，该指数剔除了国家总量波动和世界总量波动的影响，能较好地综合反映产品的国际竞争力。计算公式为：

$$CA_{ij} = \frac{\left(\dfrac{X_{ij}}{X_{it}}\right)}{\left(\dfrac{X_{wj}}{X_{wt}}\right)} - \frac{\left(\dfrac{M_{ij}}{M_{it}}\right)}{\left(\dfrac{M_{wj}}{M_{wt}}\right)} \qquad (1-3)$$

其中，X_{ij} 表示 i 国第 j 种商品的出口额；X_{it} 表示 i 国在 t 时期所有商品的出口额；X_{wj} 表示世界第 j 种商品的出口额；X_{wt} 表示世界在 t 时期所有商品的出口额。M_{ij} 表示 i 国第 j 种商品的进口额；M_{it} 表示 i 国在 t 时期所有商品的进口额；M_{wj} 表示世界第 j 种商品的进口额；M_{wt} 表示世界在 t 时期所有商品的进口额。

若 CA>0，则一国在该产业上具有显示性竞争优势，且 CA 值越大，国际竞争力越强；若 CA<0，则一国在该产业上不具有显示性竞争优势，且 CA 值越小，国际竞争力越弱。

从表 1-10 可知，中国油菜籽和菜籽油的 CA 值均小于零，说明在考虑了进口影响，剔除了国家总量波动和世界总量波动影响的情况下，中国在油菜产品上仍不具有竞争优势。分品种来看，油菜籽相较于菜籽油稍具优势。与其他四个主产国相比，中国油菜产品仍处于弱势地位。

表 1-10　2020 年各国油菜籽和菜籽油主要生产国的显示性竞争优势指数

品种	中国	加拿大	澳大利亚	法国	印度
油菜籽	-1.054	18.377	5.029	0.120	0.000
菜籽油	-1.769	15.966	-0.145	1.244	-0.293

注：一般认为，显示性比较优势指数小于 0.8 时不具有出口比较优势。
资料来源：UNComtrade 数据库。

1.2.2　中国油菜产品国际竞争力动态分析

1.2.2.1　国际市场占有率

由图 1-4 和表 1-11 可知，2008~2020 年我国油菜产品的国际市场占有率很低。从油菜籽国际市场占有率来看，近 12 年的国际市场占有率都接近 0.00%，可见中国油菜籽的国际市场份额一直较小。从菜籽油国际市场占有率来看，其总体呈先降后升再降的趋势，2009 年菜籽油国际市场占有率较上年上升了 0.1 个百分点，2010~2016 年，菜籽油国际市场占有率在 0.1% 左右波动，2017 年 MS 重新回升至 0.30%，但 2020 年 MS 又下降至 0.05%。值得关注的是，对比油菜籽与菜籽油近 10 年国际市场占有率的变化趋势可以发现，我国菜籽油相较于油菜籽更具国际竞争力。那么，对于油菜产业的发展，应深化产业链，拓宽油菜价值链，紧抓优势产品，以提升整个产业的国际竞争力。

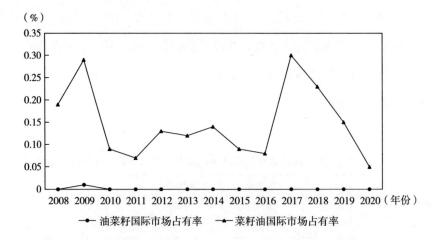

图 1-4 2008~2020 年中国油菜产品的国际市场占有率的变化趋势

表 1-11 2008~2020 年中国油菜产品国际市场占有率、

贸易专业化系数和显示性竞争优势指数

年份	国际市场占有率（%）		贸易专业化系数		显示性竞争优势指数	
	油菜籽	菜籽油	油菜籽	菜籽油	油菜籽	菜籽油
2008	0.00	0.19	-0.9994	-0.9385	-1.087	-0.785
2009	0.01	0.29	-0.9992	-0.9320	-2.114	-0.980
2010	0.00	0.09	-0.9998	-0.9888	-1.027	-1.830
2011	0.00	0.07	-0.9991	-0.9834	-0.698	-0.845
2012	0.00	0.13	-0.9996	-0.9855	-1.501	-1.844
2013	0.00	0.12	-0.9999	-0.9892	-1.807	-2.215
2014	0.00	0.14	-0.9999	-0.9772	-4.071	-2.077
2015	0.00	0.09	-0.9996	-0.9834	-1.973	-1.095
2016	0.00	0.08	-0.9987	-0.9799	-1.542	-0.845
2017	0.00	0.30	-0.9998	-0.9424	-1.796	-0.918
2018	0.00	0.23	-0.9998	-0.9746	-1.856	-1.480
2019	0.08	0.15	-0.9995	-0.9852	-2.894	-4.327
2020	0.00	0.05	-0.9993	-0.9956	-0.262	-0.445

资料来源：UNComtrade 数据库。

1.2.2.2 贸易专业化系数

由图 1-5 可知，总体来看，2008~2020 年中国油菜籽和菜籽油的 TSC 都接近 -1，说明近 12 年中国的油菜籽和菜籽油基本上只进口不出口，中国油菜产品在国际市场上不具竞争力。从变化趋势来看，油菜籽贸易专业化指数基本稳定在 -0.99；而菜籽油贸易专业化指数由 2009 年的 -0.932 下降为 2010 年的 -0.989 后，连续 7 年徘徊在 -0.98 左右，直到 2017 年又回升至 -0.942，2020 年又降至 -0.996。

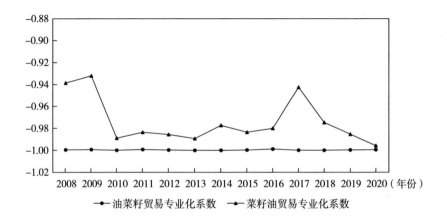

图 1-5 2008~2020 年中国油菜产品贸易专业化系数变化趋势

1.2.2.3 显示性竞争优势指数

由图 1-6 可知，中国油菜产品总体上没有显示性竞争优势，或者还没有展现出较强的国际竞争优势。具体到指数波动上，油菜籽 CA 值于 2008~2014 年波动较大，随后年份呈现震荡上升态势，2020 年上升至 -0.262；菜籽油 CA 值于 2008~2014 年波动较大，于 2016 年回弹至 -0.845，在 2019 年又降至 -4.327，但 2020 年又上升至 -0.445。总体来看，油菜籽和菜籽油的显示性竞争优势指数都较小，缺乏国际竞争力。

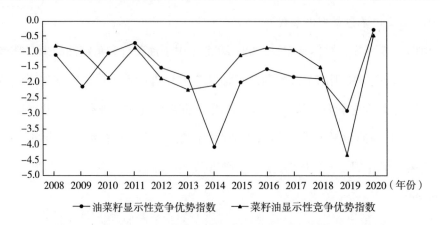

图1-6 2008~2020年中国油菜产品显示性竞争优势指数变化趋势

1.3 我国油菜产业国际竞争力的影响因素分析

1.3.1 生产成本

1.3.1.1 国内油菜生产成本情况

从近两年冬油菜产区亩均油菜生产成本收益情况来看（见表1-12），2019/2020年度至2020/2021年度，油菜亩均生产总成本从606.81元/亩增加到723.83元/亩，增幅为19.28%。从成本结构来看，其中，化肥、机械作业费、劳动力费用以及土地成本合计占总成本的90%以上，是构成油菜生产成本的主要部分。2020/2021年度劳动力费用占总成本比重最高，达30.40%，究其原因，一方面是我国油菜生产中各环节如整地、育苗、移栽、除草、施肥、收割和脱粒等都离不开大量劳动力投入；另一方面是随着农村劳动力的非农转移，农业劳动力价格在上升。

表 1-12　近两年冬油菜产区油菜生产亩均成本情况

指标名称（亩均）	2019/2020 年度	2020/2021 年度	增减幅度（%）
总成本（元）	606.81	723.83	19.28
生产成本（元）	459.37	571.85	24.49
物质与服务费用（元）	268.48	351.76	31.02
油菜种子投入（元）	20.86	20.71	-0.73
油菜肥料（含化肥和农家肥）投入（元）	101.27	108.44	7.08
油菜机械作业费（元）	118.38	194.01	63.89
其他（农药、农膜、水电等）投入（元）	27.96	28.60	2.29
劳动力费用（元）	190.89	220.08	15.29
农业劳动日工价（元）	113.53	117.38	3.39
油菜劳动力投入（工）	1.68	1.87	11.51
家庭用工投入（工）	0.65	0.81	24.12
雇工投入（工）	1.03	1.06	3.50
家庭用工折价（元）	74.16	95.17	28.33
雇工费用（元）	116.73	124.92	7.01
土地成本（元）	147.44	151.98	3.08
流转地租金（元）	140.94	145.28	3.08
自营地折租（元）	6.50	6.70	3.08

资料来源：国家油菜现代农业产业技术体系农户固定观察点。

1.3.1.2　国外油菜生产成本情况

受限于数据可获得性，以加拿大安大略省 2013 年油菜生产成本为例进行对比分析（见表 1-13），安大略省油菜生产成本主要包括运营成本和管理成本。2013 年加拿大油菜籽每亩总成本折合人民币 370.67 元/亩（1 英亩＝6.07 亩，1 美元＝6.20 元），远低于中国，占目前中国油菜生产成本的 1/2 左右。其中，肥料费投入（113.17 元/亩）占总成本比重最高，达 1/3 以上。种子费、肥料费、机械费用、人工费用以及机器折旧费、投资利息费合计占总成本近八成，构成油菜生产中主要成本。劳动力投入（人工费用加经营者工资合计 42.74 元/亩）及占总成本比重（11.54%）远低于中国油菜籽劳动力投入及占总成本比重。通过对比可以看出，中国油菜籽生产成本投入较大，需要进一步降低，特别是劳动力投入成本。

表1-13 加拿大安大略省油菜生产成本构成情况

指标名称	成本（美元/英亩）	成本（元/亩）
总成本	362.90	370.67（100.00%）
运营成本	307.70	314.29（84.79%）
种子费	64.00	65.37（17.64%）
肥料费	110.80	113.17（30.53%）
除草剂	11.50	11.75（3.17%）
技术使用协议	—	—
杀虫剂	7.00	7.15（1.93%）
拖拉机等机械费用（包括燃料、润滑剂以及维修护理费用等）	37.95	38.76（10.46%）
市场和粮食金融保护费用	3.65	3.73（1.01%）
作物保险	17.60	17.98（4.85%）
人工费用	30.00	30.64（8.27%）
运输费	7.30	7.46（2.01%）
地租	—	—
经营者工资（自我担任或雇佣他人）	11.85	12.10（3.27%）
运营利息	6.05	6.18（1.67%）
管理成本	55.20	56.38（15.21%）
机器折旧费、投资利息费	44.15	45.10（12.17%）
土地	—	—
其他	11.05	11.29（3.04%）

资料来源：加拿大油菜网，http：//www.canolacouncil.org/markets-stats/。

1.3.2 科技创新

1.3.2.1 油菜单产[①]

2019年和2020年我国油菜平均单产分别为2050千克/公顷和2060千克/公

---

① 资料来源：USDA。

顷，略高于世界油菜平均单产（2019 年为 1948.52 千克/公顷，2020 年为 1990.74 千克/公顷），但是与加拿大油菜平均单产（2019 年为 2320 千克/公顷，2020 年为 2340 千克/公顷）存在一定差距，与欧盟国家油菜平均单产差距明显（2019 年为 3000 千克/公顷，2020 年为 3260 千克/公顷），我国油菜单产仍有较大提升潜力。

1.3.2.2　油菜籽品质

目前，按照国际标准油菜籽芥酸含量指标应低于 2%，硫甙含量低于 30 微摩尔/克，而加拿大现行标准是芥酸含量低于 1%或 0.5%以及硫甙含量低于 18 微摩尔/克，国产油菜籽质量与加拿大等国的油菜籽质量还有较大差距，油菜含油量有待进一步提升，脂肪酸组成有待完善。

1.3.2.3　机械化水平

2020/2021 年度油菜产业技术体系测产调查结果显示，2019/2020 年度和 2020/2021 年度我国油菜耕种收综合机械化水平分别为 84.51%和 81.37%，2020/2021 年度综合机械化水平较上一年度减少 3.14 个百分点，同时，14 个调查省份中有一半省份的油菜综合机械化率较上一年度呈现下降趋势。现实中存在机械化收获适应性较差的问题，尤其是在收获环节，农户因机收损失率较大更倾向选择人工割油菜，这一倾向在小农户中表现得更加明显。同时，油菜主产区的农机社会化组织大多不健全，农机合作社过少，对当地的农业机械不能协调配置，农户缺乏相关组织协调农机服务供给和价格商议，这导致农户机械费用太高，机械利用率低。而加拿大、澳大利亚、德国等主要油菜生产国在 20 世纪 70 年代油菜生产机械化就比较完善，其中，加拿大油菜生产全程机械化率高达 100%。

1.3.3　宏观政策影响

1.3.3.1　补贴政策的变动

我国广义上的油菜补贴政策主要分为四类：第一类是油菜籽临时收储政策，

是一项价格支持政策,实施期为 2008～2014 年。为保护农民油菜种植积极性,防止"籽贱伤农",国家于 2008 年开始实施油菜籽临时收储政策,实施方式是委托中储粮和有资质的油脂企业于收获季节在油菜主产区市场上按照保护价格收购一定数量内的当季国产油菜籽,但该补贴政策于 2014 年取消。中国农业部农村经济研究中心和国家粮食交易中心数据显示,我国油菜籽临时收储政策自实施以来收储量仅在 2010 年下降至 240 万吨,但 2011 年便又快速回升至 380 万吨;临时收储价格也在 2009 年出现最低值 3800 元/吨,随后几年又回升至 5100 元/吨,并在政策废止前依然保持 5100 元/吨的收储价格,同期油菜籽市场价格也随收储价格出现波动,但一直保持高于临时收储价 100～300 元/吨水平,2015 年临时收储政策取消后,油菜籽市场价格随即出现下滑。第二类是油菜良种补贴。从 2007 年秋冬开始,在长江流域"双低"油菜优势区(包括四川、贵州、重庆、云南、湖北、湖南、江西、安徽、河南、江苏、浙江),实施油菜良种补贴,中央财政对农民种植油菜给予每亩 10 元补贴,鼓励农民利用冬闲田扩大"双低"油菜种植面积,该补贴政策于 2016 年终止。第三类是产油大县补贴。为进一步调动地方政府抓好油料生产的积极性,缓解产油大县财政困难,促进我国油料和制种产业发展,保障国家粮油安全,中央财政实行产油大县奖励政策,对符合规定的产油大县、制种大县的实施省份给予奖励。产油大县奖励入围条件由省级人民政府按照"突出重点品种、奖励重点县(市)"的原则确定,中央财政不制定统一标准。奖励资金要全部用于扶持油料生产和产业发展,特别是用于支持油料收购、加工等方面支出。该政策目前还在实施。第四类是农机具购置补贴。财政部、农业部于 2004 年共同启动实施了农机购置补贴政策。在能够享受补贴的农机具目录内,有少部分适用于油菜生产的机械。在此补贴政策下,油菜耕种收综合机械化水平有一定提升。

长期以来,尽管我国对油菜实施了一系列包括良种补贴、最低临时收储等多项补贴措施,但总的来看,我国油菜产业支持政策目标以短期为主,政策手段和对象变动较大，政策效果发挥作用受限。这也在一定程度上影响了农户种植油菜的积极性，容易造成油菜加工企业产能过剩，对整个产业发展造成不利影响，也造成了油菜产业国际竞争力提升受阻。

1.3.3.2　进口贸易政策的调控

目前，针对油菜籽进口的调控政策主要是关税政策、进口配额政策以及油菜籽主产省进口油菜籽限制政策。我国在 2006 年取消了油菜籽和菜籽油配额限制，并将进口关税均降至 9%。低关税政策和取消配额管理，在一定程度上促使油菜籽及其制品进口大幅度增加，这一现实是中国油菜产业缺乏国际竞争力的体现。

2009 年中国商检部门实施临时性检验检疫措施后，规定进口油菜籽只可在海南、广东、广西、福建、河北、辽宁、天津 7 个非主产区入关，并且就地加工，不得转售。由于进口油菜籽加工效益明显高于国产油菜籽，这使主产区如长江流域的油菜加工企业陷入困境，对油菜加工产业整体竞争力不利。

1.3.3.3　汇率的波动

在世界的进出口贸易中，汇率是影响交易的关键因素，一国的贸易方向也和汇率的波动有着密切关系。汇率的波动会影响进出口商品价格的上下波动，从而影响一国的进出口。对于油菜产业，油菜籽对外依存度高达 15% ~ 20%，那么，汇率波动已然成为影响我国油菜产业进出口贸易的重要因素。回顾近十年人民币对美元汇率及油菜籽进口量，我们发现，2008 ~ 2014 年人民币不断升值，年均升值达 2.02%，同时，油菜籽在此期间的净进口量也呈波动式上升，直至 2014 年净进口量达 508.15 万吨，为历年最高，是 2008 年进口量的 3.90 倍（见表 1-14）。2014 ~ 2020 年，人民币又处于贬值阶段，伴随的是油菜籽净进口量的波动下降。对于这一现实，人民币对美元汇率的升值促使进口的油菜价格下降能部分解释。由此来看，人民币汇率的波动也在一定程度上影响油菜产业的竞争力。

表 1-14 2008～2020 年中国油菜籽净进口量及同期人民币美元汇率

单位：万吨

年份	净进口量	同期人民币美元汇率
2008	130.30	6.9450
2009	328.56	6.8310
2010	159.97	6.7700
2011	126.21	6.4590
2012	292.98	6.3130
2013	366.24	6.1932
2014	508.15	6.1428
2015	447.05	6.2284
2016	356.46	6.6423
2017	474.84	6.7518
2018	475.64	6.6118
2019	273.74	6.8985
2020	311.43	6.8996

1.4 主要结论与建议

1.4.1 主要结论

1.4.1.1 中国油菜产品国际竞争力总体偏低

无论从国际市场占有率、贸易专业化系数，还是从显示性竞争优势指数来看，当前中国油菜产品总体上不具有很强的国际竞争力。和其他几个主产国相比，虽然我国油菜种植面积及总产量都位于世界前列，但我国油菜籽消费和菜籽油消费对外依存度仍较高。同时，从油菜产业国际竞争力静态分析来看，我国油菜籽和菜籽油的各项指标都是靠后。从动态发展趋势来看，2008~2020年中国油菜籽和菜籽油国际市场份额一直很小，尤其是油菜籽的国际市场份额几乎小到可以忽略不计。因此，切实提高中国油菜产品的综合国际竞争力势在必行。

1.4.1.2 进口菜籽油替代进口油菜籽趋势明显

对比油菜籽和菜籽油的相关数据发现，2020年我国油菜籽进口量为311.44万吨，较2019年的273.74万吨上升了13.77%；油菜籽进口额为136220.5万美元，较2019年的122289.84万美元上升了11.39%。与此同时，2020年菜籽油进口量为193.2万吨，较2019年的161.5万吨上升了19.63%；菜籽油进口额为164090.12万美元，较2019年的132622.65万美元上升了23.73%。比较两者静态和动态的贸易指数可知，菜籽油的国际市场占有率在下降，同时，2019~2020年油菜籽显示性竞争优势指数已超过菜籽油的显示性竞争优势指数。进一步地，比较油菜籽和菜籽油进口依存度可知，油菜籽进口依存度呈下降趋势，菜籽油进口依存度呈波动上升趋势，可见，进口菜籽油替代进口油菜籽趋势明显。这一趋势反映出我国在面对复杂的国际贸易环境时作出产业进口格局的策略调整。需要注意的是，如此趋势变化容易造成国内大型油菜籽加工企业的收益受挫。

1.4.1.3 生产成本高居不下，单位产量稳步增加

对比国内外油菜生产情况，我国油菜生产成本仍处于高位，单产表现为稳步增加。根据国家油菜现代农业产业技术体系农户固定观察点数据，2020年我国油菜生产成本基本维持稳定，亩均生产总成本从2019/2020年度的606.81元/亩升至2020/2021年度的723.83元/亩，升幅为19.28%。从成本结构来看，其中，化肥、机械作业费、劳动力费用以及土地成本合计占总成本的90%以上，是构成油菜生产成本的主要部分。劳动力费用占总成本比重最高，达30.40%。与加拿大作比较，我国2020/2021年度单位产量成本6.29元/千克，超过加拿大2013年单位产量成本2.48元/千克的两倍多，说明生产成本高居不下是制约我国油菜产业国际竞争力提升的重要因素。但从2008~2020年产量来看，我国油菜单产

稳步上升，远高于印度及澳大利亚的油菜单产，说明我国油菜生产谋求突破的另一个着力点应该是以科技进步为依托，推动油菜产业技术进步，以进一步提高油菜单位面积产量。

1.4.2 促进我国油菜产业发展与国际竞争力的措施与建议

2021 年 9 月，农业农村部会议强调，要把油料生产摆在突出位置，大力开发南方冬闲田，多措并举扩大冬油菜种植。加大对油菜种植的政策扶持力度，加强蓄水排灌基础设施建设等，满足油菜水稻换茬用水需要。推进良种良法良机相结合，加快选育宜机化和早熟品种，加大配套机械研发推广力度，发展生产托管等社会化服务，提升油菜生产效率效益。实施好油菜绿色高质高效行动，集中打造一批"百亩攻关田、千亩示范方、万亩创建片"，带动生产水平提高。推动全产业链开发，努力提升加工工艺，开发特色产品，打造特色品牌，做大做强油菜产业①。具体建议如下：

1.4.2.1 设立攻关专项，加强油菜产业风险应对的科学技术储备

目前世界农业市场面临一系列新的不确定因素，增加了农业的传统高风险，建议继续实施"藏油于技"战略，在油菜全产业链配置科技资源，针对制约我国油菜产业转型升级的全局性重大"瓶颈"问题，设立一批攻关专项，补齐产业技术"短板"，加强油菜产业风险应对的科学技术储备，为引领传统的油菜生产方式向现代农业生产方式转型发展，加快油菜产业现代化进程提供科技支撑。首先，在供给侧，风险包括油菜菌核病等疾病的传播，对抗菌物质的抗性提高，就新型植物育种技术进行监管应对，处理日益频繁的极端气候事件等。建议在遗传改良、资源高效利用、生态修复、有害生物控制和油菜产品质量安全等方面，支持突破一批重大基础理论和方法。其次，在需求侧，风险包括演化的膳食、健康与可持续问题反映的观念，以及对令人担忧的肥胖趋势进行政策回应。建议由

---

① 资料来源：http：//www. moa. gov. cn/xw/zwdt/202109/t20210929_ 6378645. htm。

农业主管部门牵头，对我国居民菜籽油的科学摄入量水平，加强营养学和健康学领域对农业相关技术研发和应用的指导。最后，目前世界农业市场上数个重要主体在未来达成贸易协定的不确定性增加，新冠肺炎疫情带来的各国农业领域贸易保护主义倾向可能导致目前的贸易紧张局势升级，从而缩小农产品贸易规模并改变贸易方向，对国际和国内市场都有间接影响。建议加强对油料存储技术的研发支持，更好地进行油料储备以应对农业风险。同时，加强农业科技国际合作，加快融入全球创新网络，不断增强全球配置农业科技资源的能力。

1.4.2.2　深化农业科技体制改革，推广先进实用技术

以现代农业产业技术体系平台建设为抓手，打造创新要素集聚融合的平台载体，促进产学研融合，提升价值链，打造供应链，实行产业链、价值链和供应链"三链"协调联动，推动油菜科技成果落地生根。建议坚持长期稳定的支持方式，优化油菜产业体系布局，补齐产业技术"短板"，构建纵向融合和一体化的油菜全产业链，建好油菜智能化生产、油菜植保等横向共性创新团队，推进国家体系与地方创新团队协同发展。建议依托油菜产业技术体系平台，在农机农艺融合和农业大数据等关键领域重点攻克一批核心关键技术与装备，并研发配套技术系统，打造产业科技战略力量。继续开展中央级农业科研机构绩效分类评价改革试点，突出主体定位与核心使命、突出产业贡献，建立完善符合农业产业和科技创新规律的评价机制与指标体系。继续支持全国农业科技成果转化平台建设，发挥好平台的价值评估、展示推介、咨询服务、产权交易、众创服务等作用，加速油菜科技成果转移转化和推广应用，推进科技成果产业化。深化种业科技成果产权制度改革试点，推动激励政策落实落地，进一步放活机构、放活人才、放活成果，加快油菜新品种推广落地速度。强化国家农业科技创新联盟规范化、高质量运行，加快实体化进程，推动形成一批协同攻关联合体，提升产业竞争力。加强一批现代农业产业科技创新中心建设，培育壮大区域主导产业。鼓励建设新型研发机构，进一步培育壮大创新型农业企业。

1.4.2.3　以绿色化、规模化和科技化为导向，完善油菜补贴制度

建议在继续保持对油菜产业支持力度的同时，将相关补贴重点调整到绿色化、规模化和科技化上来。未来可以将油菜绿肥化使用纳入轮作休耕补贴和耕地地力保护补贴之中，探索为油菜种植户向蜂农购买授粉服务提供补贴的补贴机制。优化产油大县奖励的发放方式，在油菜重点主产省份提高奖励测算系数。将油菜生产纳入适度规模经营补贴项目中，对种油大户给予信贷担保、贷款贴息和现金直接补贴。强化"藏油于技"的科技支撑，将油菜全程机械化所需要的农机具类型纳入农业机械购置补贴的补贴目录之中，鼓励各地将油菜籽烘干存储设备、农用植保无人机设备、饲用油菜收获设备、养蜂车等纳入农机具新品种试点补贴目录中。

1.4.2.4　完善金融预警体系，稳定价格预期

进一步完善油菜产品的"保险+期货"金融预警体系来稳定价格预期，保障油菜加工企业和种植户的效益。巩固我国油菜产品期货期权全产业链条的体系建设，防止囤积居奇、捂盘惜售的投机行为，同时增强我国期货期权市场的"价格发现"功能，再者可以推出更多的有关油菜产业相关的农业保险，对油菜种植的过程中可能存在的自然风险和市场价格风险，形成"保险+期货"的风险防范金融体系，以稳定农户和加工企业的价格预期。

1.4.2.5　优化国内产业布局，推进国外市场多元化

虽然我国油菜籽进口需求持续扩大，进口来源地单一化格局有所改善，但油菜籽进口对加拿大依赖度依旧较高。因此，一方面需要优化国内油菜产业布局，提高国际竞争力。建议未来突出油菜产业区位优势，优化空间布局，集成发展优势，以提高油菜籽供给水平，减少对国际市场依赖程度。另一方面需要推进进口多元化调整。建议未来加强与周边国家特别是"一带一路"沿线国家油菜籽贸易，改善目前进口集中在少数国家或地区的现状，加快培育国际大粮商和农业企业集团，鼓励企业融入全球油菜供应链。

第2章 我国油菜生产中农业化学品减量问题研究

化肥以及农药等农业化学品在保障我国粮食安全供给方面发挥着极其重要的作用，但长期以来，化肥农药过量投入给我国生态安全、土地安全造成了一定的威胁，在一定程度上阻碍了我国农业高质量发展。油菜作为我国第一大油料作物，是保障我国食用油供给安全的重要基础。近年来，我国油菜生产的农业化学品投入过量，比较效益有所下滑，使国产油菜产业的可持续发展面临巨大挑战。

为促进国产油菜产业的稳定健康发展，本章主要围绕油菜生产过程中的化学要素投入，从生产技术效率视角重点探讨农业化学品的减量问题。首先，本章对我国油菜及其他农作物生产过程中的化肥、农药及农膜的使用总量、投入强度及生产力水平的变化趋势及差异进行分析。其次，采用超越对数生产函数形式的随机前沿分析模型，测算我国油菜主产区的生产技术效率水平，并从油菜种植规模、农村劳动力老龄化程度、机械化水平、基础设施水平、有效灌溉率及受灾率等多个方面分析影响油菜生产技术效率的原因。最后，根据柯布—道格拉斯生产函数，采用允许可行广义最小二乘法（FGLS）对我国油菜生产的化肥产出弹性进行估计，从而判别我国油菜生产的农业化学品是否存在过量投入现象，进而估计油菜生产中的化肥过量程度及减量潜力。

研究结果显示：①我国油菜生产过程中的化肥使用总量整体上表现为波动递减趋势，化肥使用强度呈现波动上升趋势；此外，农药使用总量和使用强度呈现先波动上升后稳步减少态势。②我国油菜生产的平均技术效率水平有所提升，但变动幅度不大，其中，四川省油菜生产技术效率水平最高；农村劳动力老龄化程度对油菜生产技术效率有显著负向影响，机械化水平、基础设施能力、有效灌溉率对油菜生产技术效率有显著正向影响；油菜生产的化肥产出弹性系数为 0.084。③我国油菜生产存在过量施肥现象，油菜过量施肥程度大致经历了先波动上升后波动下降再稳中有降的三个阶段；自 2015 年以来，油菜生产的化肥过量使用程度有所缓解，2018 年我国油菜生产可减少施肥 52.85 万吨。基于上述研究结论，为进一步促进油菜生产技术效率提升，实现油菜生产过程中农业化学品的最优配置，本章提出有关政策建议。

2.1 引言

2.1.1 研究背景

在保障我国粮食安全供给方面，化肥、农药等农业化学品发挥着至关重要的作用。农业化学品的投入在一定程度上提升了农业生产水平，但与此同时，也带来了明显的负外部性，例如，导致生态环境污染问题日益突出，尤其是农业面源污染问题愈加严重，总体而言，农业化学品使用"过量"或"不足"与农民"经济理性人"之间的矛盾在现实中进一步激化。农业农村部自 2015 年推进化肥农药使用量零增长行动以来，我国农业化学品减量增效的初始目标已顺利达成。农业生产中的化肥农药使用总量明显减少，农业化学品有效利用率明显上升，对于促进农业绿色发展转型发挥了重要作用。

　　长期以来，我国化肥、农药的使用总量位居世界前列，总体上利用效率十分低下，由此给生态安全、土地安全造成了巨大的隐患，成为我国农业高质量发展路上的"绊脚石"。国家统计局数据显示，20 世纪 80 年代，我国化肥使用量持续增加，农用化肥使用总量已经由 1980 年的 1269.4 万吨增长到 2015 年的 6022.6 万吨，增长 374.44%。自 2015 年农业部《到 2020 年化肥使用零增长行动方案》印发以来，我国农用化肥使用总量开始出现转折，2016 年缓慢下降至 5984.1 万吨，降幅约为 0.64%，2017 年继续下降至 5859.4 万吨，较上一年下降 2.08%，降幅有进一步扩大趋势。农药是农业生产中的重要投入要素，是应对病虫害的重要方式，但是由于农户在农药认知方面存在不足，大多数农户容易过量投入，从而对生态环境造成一定的影响。FAO 数据显示，2018 年全球农药耗用总量为 412.23 万吨，而中国耗用总量达 177.37 万吨，占全球农药耗用总量的比重达 43.03%，是全球最大的农药生产国和消费国。反观其他农业发达国家，近 20 年来，美国、德国农药使用量保持相对稳定，英国下降 44%，法国下降 38%，日本下降 32%，意大利下降 26%，而中国则上升 38.5%。2015 年中国的农药有效利用率仅为 36.6%，剩余的农药以各种形式影响着其他动植物、水体、土壤、大气以及公共卫生。自 2015 年农业部发布《到 2020 年农药用量零增长行动方案》以来，我国农药使用量出现小幅度下降，年均下降 3.59%，减量潜力较大。此外，农用塑料膜的应用带来了农业产量和经济效益的成倍增加，实现了农业生产力的提升和生产方式的改变，但是，随着农膜覆盖面积的迅速扩大，未被降解的农膜残余严重影响到土壤的通透性，对农作物的水分吸收及根系生长产生不良影响，严重破坏了农业生态环境。2019 年我国农用塑料薄膜使用量达 240.8 万吨，较 1991 年增长 275.02%，年均增长率达 9.83%；同期地膜使用量达 137.9 万吨，较 1993 年增长 268.13%，年均增长率达 9.93%。化肥、农药及农膜是最主要的农业化学投入品，长期不合理使用对生态环境造成了巨大破坏，从社会经济效益的角度而言，是一种非理性行为。

2020年，我国油菜籽产量达1320万吨，占全球油菜籽总产量的比重达19.15%，菜籽油产量达604.5万吨，占全球菜籽油总产量的比重达21.72%，油菜籽和菜籽油产量均位居全球前列。2020年我国菜籽油产量占植物食用油总产量的比例超过20%，仅次于豆油，菜粕还可作肥料、精饲料和食用蛋白质来源，且近年来油菜产业的多功能用途也在不断得到拓展。虽然我国油菜产业在整体上得到了不错发展，但与其他同类或同季作物相比，油菜生产的比较效益却处于劣势地位，同时还要面临国外油料产品进口的巨大冲击，产业发展面临前所未有的挑战。近年来，一般农户的油菜种植经济效益远不及小麦的经济效益，也远低于种植其他作物的经济效益。造成油菜经济效益低下的原因除了进口油菜籽冲击及市场价格下降之外，其中生产成本上升是最重要原因之一，推动油菜成本上升首要因素劳动力费用持续攀升，除此之外，油菜化肥投入、油菜种子投入、其他（农药、农膜等）投入也是造成油菜生产成本上升的重要原因，只不过针对劳动力费用的攀升，可以通过农业机械的替代等多种方式来降低成本投入，但是如何引导农户减少农业化学品的投入，是当前亟待解决的现实问题。

2.1.2 研究对象及范围界定

本章以油菜为例，采用计量经济学的研究方法，通过对比油菜生产的成本收益状况，核算出油菜生产的农业化学品投入的最佳区间，并测算出我国油菜生产过程中农业化学品的减量化潜力。此外，本章研究的时间范围为1991~2018年，在分析全国农业化学品使用现状时，研究了全国31个省份，在分析油菜农业化学品使用现状时，研究了21个油菜主产省份，包括湖南、四川、湖北、贵州、江西、安徽、云南、重庆、陕西、江苏、河南、浙江、山西、广西、河北、上海、内蒙古、甘肃、青海、新疆及西藏；在测算我国油菜主产省份生产技术效率水平及其影响因素以及估计我国油菜主产区农业化学品过量程度评价过程中，考虑时间的连续性以及数据的可得性，主要选取如下油菜主产区：江苏、浙江、安徽、江西、河南、湖北、湖南、四川、重庆、贵州、云南、陕西、甘肃和青海。由于重庆在 1997 年前的行政区划问题，重庆 1991～1996 年样本数据将根据全国该指标的平均值的变化率进行计算填充。

2.2　文献评述

通过梳理国内外学者的相关研究可以发现，目前关于农业化学投入品的研究主要侧重于不同主体及不同研究对象。综上所述可以看出，在研究对象方面，目前国内外关于农业化学投入品对作物产量和品质、土壤及环境污染等的影响颇多，但主要还是集中于单要素投入变化对作物产量、生产技术效率等方面的影响。各国学者针对各类农业产业或作物，如有机农业、香蕉、番茄、马铃薯、油菜、小麦等的农业化学投入品使用特征对作物产量及养分吸收等的影响，大都发现农业化学品使用变化会对作物产量等产生影响。关于农业化学品对油菜生产效率的研究也存在不少，为推动我国油菜产业持续高效发展提供了行之有效的参考依据，例如，测土配方施肥对油菜生产的影响、化肥投入对油菜成本效率的影响、秸秆还田与配施化肥对油菜产量的影响、油菜化肥使用的产量和效益分析、有机肥化肥配施对冬油菜产量和品质的影响等。此外，也有不少学者基于农户视角研究了农户农业化学品使用行为的影响因素，包括社会规范、风险规避程度、"非理性均衡"、农业技术培训、边际报酬以及价格等。

现有相关文献中，宏观层面的研究主要围绕农业化学品投入减量的顶层设计展开，更多地关注于农田土壤污染防治立法问题，这些研究建议尽快出台土壤污染防治相关法律条款、对农业化学投入品减量问题做出明确规定；微观层面的研究更多的是关注农民个人在农业化学品减量过程中所能发挥的作用，其研究逻辑在于分析农民农业化学品使用行为的影响因素，从微观层面理性引导农民实现农业化学品减量使用。这两类研究都集中于农业化学投入品减量过程中不同主体的行为，从而丰富了农业化学投入品减量的途径和手段，为相关政策的制定提供了有效的思路。但也存在着一定的缺陷，主要表现在相对割裂了研究主体之间的关系，在由上而下和由下而上的研究过程中，顶层和底层、宏观主体和微观主体之间的作用关系不能得到有效协调，系统和综合的作用明显不足，对决策支持能力仍然有限。

2.3　我国农业化学品使用强度的空间差异

由于 2015 年农业部（现农业农村部）印发了《到 2020 年化肥使用量零增长行动方案》和《到 2020 年农药使用量零增长行动方案》，故本章以 2015 年为界限，从全国层面分别对 2015 年及 2018 年各省份的农业化学品使用强度进行研究分析，结果表明我国农业化学品使用强度在省域层面差异明显。

2015 年我国农作物化肥使用强度普遍高于世界农业发达国家基于环境安全上限所评定的化肥用量标准 225 千克/公顷，仅青海（181.41 千克/公顷）、贵州（187.41 千克/公顷）及黑龙江（172.37 千克/公顷）的化肥使用强度低于环境安全上限，新疆（479.36 千克/公顷）、河南（481.25 千克/公顷）、天津（502.68 千克/公顷）、山西（572.72 千克/公顷）、广东（611.41 千克/公顷）、北京（611.71 千克/公顷）、海南（675.12 千克/公顷）及福建（765.53 千克/公顷）的化肥使用强度超过世界农业发达国家基于环境安全上限所评定的化肥用量标准的 2 倍及以上；全国 31 个省份中，28 个省份的农用化肥使用强度高于发达经济体公认的化肥用量环境安全上限，15 个省份高于 2015 年我国农用化肥平均使用强度 361 千克/公顷，最高的是福建，化肥使用强度为 765.53 千克/公顷，最低的黑龙江为 172.37 千克/公顷，福建化肥使用强度高出黑龙江 3.44 倍。自 2015 年农业部（现农业农村部）《到 2020 年化肥使用量零增长行动方案》和《到 2020 年农药使用量零增长行动方案》实施以来，我国农业化肥使用总量和强度均在不同程度上呈现递减态势。

2015 年我国农药使用强度整体上自东向西呈递减趋势，东南沿海地区农药使用强度普遍高于中部、华北及北部沿海地区，除宁夏外，西北、西南地区农药使用强度基本维持在较低水平。截至 2018 年，我国绝大部分省份农药使用强度均在一定程度上呈现下降趋势，但下降幅度省域差异明显，其中，海南 2018 年农药使用强度较 2015 年减少了 20 千克/公顷，减少 38.07%，下降幅度最大。农用塑料膜分为农用地膜和农用棚膜两类，主要用于土壤覆盖，除了能够提高土壤温度和保持土壤水分外，还能够促进作物的生长。近年来，我国地膜覆盖面积和使用数量居全球首位，相关覆盖技术及栽培技术在一定程度上为我国农业高产稳产提供了外在保障。但是如果大量废弃农膜不能及时回收和充分降解，会对土壤表面和内部造成破坏性影响，还会严重制约我国农业的可持续发展。2015 ~ 2018 年，省域层面农膜使用强度变化幅度相对较小，从空间差异来看，我国农膜使用强度较大的地区主要分布于新疆、宁夏、辽宁、浙江、福建、海南等省份，使用强度次之的地区主要集中于云南、山东及江苏等省份。

2.4　油菜生产的农业化学品使用现状

美国农业部数据显示，2020 年我国油菜籽产量达 1320 万吨，占全球油菜籽总产量的比重达 19.15%；菜籽油产量达 604.5 万吨，占全球菜籽油总产量的比重达 21.72%，油菜籽和菜籽油产量均居世界前列。2020 年我国菜籽油产量占食用植物油总产量的比重达 20.95%，仅次于豆油，且菜粕可作为肥料、精饲料和食用蛋白质来源，油菜产业链在种植业、畜牧业中具有广泛的功能和价值，油菜在我国油料产业中一直占有重要地位。虽然我国油菜产业在整体上得到了不错的发展，但与其他同类或同季作物相比，油菜生产的比较效益处于劣势地位，同时还要面临国外同类产品进口的间接影响，产业发展面临前所未有的挑战。从目前全国平均水平来看，近年来油菜种植基本入不敷出，净利润长期处于负区间，远不及同季度种植小麦的经济效益，也远低于种植其他作物的经济效益。造成油菜经济效益低下的原因除了进口油菜籽冲击及市场价格下降之外，生产成本的上升也是重要原因之一，研究显示，对油菜成本上升贡献率最大的是劳动力费用，且油菜化肥投入、油菜种子投入、其他（农药、农膜等）投入也助推着油菜生产成本的上升；其中，劳动力费用可以通过农业机械化或农业社会化服务组织等多种措施来加以改善，而农业化学品的使用则需要更为科学有效的引导措施，以指导农业生产活动实现社会效益和自身效益的均衡。

2.4.1　油菜主产区界定

按照油菜的播种季节差异，我国油菜主产区分为冬油菜产区和春油菜产区。目前我国主要还是以种植冬油菜为主，只有少数北方地区及西北高原地区种植春油菜。冬油菜产区主要集中在我国湖南、四川、湖北、贵州、江西、安徽、云南、重庆、陕西、江苏、河南、浙江、山西、广西、河北、上海 16 个省份。春油菜产区主要在我国内蒙古、甘肃、青海、新疆、西藏 5 个省份。

2.4.2　油菜生产的农业化学品使用总量

化肥和农药作为油菜生产过程中的重要投入要素，其使用的合理程度将对油菜的产量和品质产生相应影响，由于我国冬油菜产区农膜使用范围有限，故本部分仅针对油菜生产过程的化肥及农药投入进行描述。

从 1991~2018 年我国油菜生产过程中的化肥使用总量来看，整体上呈现波动递减态势（见表 2-1）。1991 年我国油菜生产的化肥使用总量为 166.34 万吨，2018 年减少至 154.76 万吨，减少了 6.96%。其中，2002 年我国油菜生产的化肥使用总量最高，达 171.44 万吨，1996 年使用总量最低，为 111.10 万吨（见图 2-1）。在农药方面，由于油菜生产过程中的农药用量没有直接统计数据，本部分的农药用量数据则是根据各个年份油菜播种总面积占农作物总播种面积的权重进行折算而来。1991~2018 年我国油菜生产过程中的农药使用总量则呈现先波动上升后稳步减少两个阶段，1991~2010 年呈现波动上升阶段，农药使用总量于 2010 年达到峰值 8.20 万吨，2011 年以后则开始逐步下降，2018 年降至 5.94 万吨，较 2010 年减少了 27.56%（见图 2-2）。而我国油菜种植面积则从 1991 年的 6133.33 千公顷增长至 2018 年的 6550.61 千公顷，增长了 6.8%（见图 2-3）。伴随着油菜种植面积的波动上升，我国油菜生产中的化肥农药投入则有所减少，表明在我国油菜生产过程中，测土配方施肥技术等相关前沿技术取得了长足发展并在油菜实地种植过程中取得明显成效。

表 2-1　1991~2018 年我国油菜播种面积及农业化学品使用总量

年份	化肥用量（万吨）	农药用量（万吨）	油菜种植面积（千公顷）	年份	化肥用量（万吨）	农药用量（万吨）	油菜种植面积（千公顷）
1991	166.34	3.24	6133.33	1998	127.28	5.16	6527.12
1992	152.47	3.19	5975.80	1999	143.01	5.83	6898.78
1993	140.05	3.03	5300.30	2000	170.87	6.14	7494.2
1994	143.31	3.82	5783.20	2001	154.31	5.81	7094.6
1995	116.82	5.01	6907.20	2002	171.44	6.06	7143.4
1996	111.10	5.04	6733.55	2003	161.39	6.28	7220.94
1997	114.76	5.03	6475.11	2004	144.30	6.56	7271.38

年份	化肥用量 （万吨）	农药用量 （万吨）	油菜种植面积 （千公顷）	年份	化肥用量 （万吨）	农药用量 （万吨）	油菜种植面积 （千公顷）
2005	153.50	6.83	7278.45	2012	157.39	8.02	7186.65
2006	131.58	6.05	5983.76	2013	162.72	7.93	7193.49
2007	137.31	6.63	6139.69	2014	167.39	7.84	7158.09
2008	148.32	7.44	6838.24	2015	167.29	7.51	7027.66
2009	160.04	7.88	7170.32	2016	158.15	6.90	6622.81
2010	165.27	8.20	7315.97	2017	161.17	6.62	6653.01
2011	161.50	8.04	7191.95	2018	154.76	5.94	6550.61

资料来源：根据历年《中国统计年鉴》《全国农产品成本收益资料汇编》，经笔者计算而得。

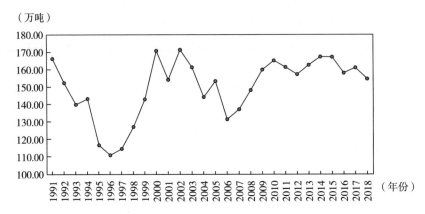

图 2-1 1991~2018 年我国油菜生产过程中的化肥使用总量

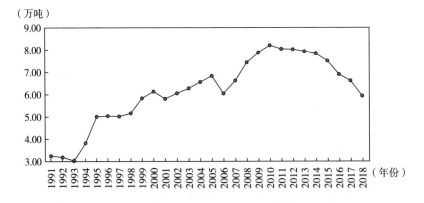

图 2-2 1991~2018 年我国油菜生产过程中的农药使用总量

（千公顷）

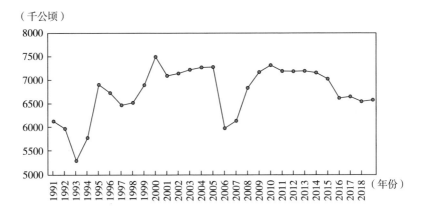

图 2-3　1991~2018 年我国油菜种植面积

2.4.3　油菜生产的农业化学品使用强度及其生产力

2010 年以前，我国油菜生产的化肥使用强度整体上低于世界农业发达国家基于环境安全上限所评定的化肥用量标准 225 千克/公顷，但是在 2011 年以后，油菜生产的化肥使用强度整体上要高于环境安全上限，2017 年达 242.25 千克/公顷，超出化肥用量环境安全上限 17.25 千克/公顷。1991 年至今，我国油菜生产的化肥使用强度历经了三个阶段，1991~1996 年，油菜生产的化肥使用强度呈现断崖式下跌，从 1991 年的 271.20 千克/公顷减少至 1996 年的 165 千克/公顷，下降近 40%；1997~2003 年，油菜生产的化肥使用强度则呈现稳步递增趋势，由 1997 年的 177.23 千克/公顷增长至 2003 年的 223.50 千克/公顷，增加了 26.11%；2003 年至今，我国油菜生产的化肥使用强度呈现波动上升趋势，虽然油菜播种面积有所下滑，但化肥使用总量不降反增。

1991 年至今，我国油菜生产的农药使用强度大致历经了两个阶段。1991~2010 年，我国油菜生产的农药使用强度呈现稳步攀升趋势，1991 年单位面积油菜生产所需投入的农药为 5.29 千克/公顷，2010 年达 11.21 千克/公顷，20 年间增长了 111.91%，年均增长率达 5.6%。2010 年以后，我国油菜生产的农药使用强度则呈现逐步下降趋势，2018年下降至 9.06 千克/公顷，较 2010 年的峰值下降近 20%（见表2-2）。随着居民环保意识及食品安全意识的不断加深以及农产品溯源体系的不断完善，农产品生产过程中的要素投入受到食品加工企业及消费者的严格监督。

表 2-2　1991~2018 年我国油菜生产的主要农业化学品使用强度

年份	化肥使用强度（千克/公顷）	农药使用强度（千克/公顷）	年份	化肥使用强度（千克/公顷）	农药使用强度（千克/公顷）
1991	271.20	5.29	2005	210.90	9.39
1992	255.15	5.34	2006	219.90	10.10
1993	264.23	5.72	2007	223.65	10.79
1994	247.80	6.60	2008	216.90	10.88
1995	169.13	7.25	2009	223.20	10.98
1996	165.00	7.49	2010	225.90	11.21
1997	177.23	7.76	2011	224.55	11.18
1998	195.00	7.91	2012	219.00	11.16
1999	207.30	8.45	2013	226.20	11.02
2000	228.00	8.19	2014	233.85	10.95
2001	217.50	8.19	2015	238.05	10.69
2002	240.00	8.48	2016	238.80	10.42
2003	223.50	8.69	2017	242.25	9.95
2004	198.45	9.03	2018	236.25	9.06

资料来源：根据历年《中国统计年鉴》《全国农产品成本收益资料汇编》，经笔者计算而得。

1991年至今，油菜的化肥生产力水平变化大致历经了三个阶段。1991~1997年，油菜生产的化肥生产力增加明显，单位面积化肥投入的油菜产出从1991年的4.47千克增长至1997年的8.35千克，年均增长12.4%；1998~2004年，油菜化肥生产力水平则处于波动上升阶段，从1998年的6.52千克增长至2004年的9.13千克，年均增长5.72%；2004年至今，单位面积化肥投入的油菜产出整

体平稳，油菜生产的年平均化肥生产力为 8.37 千克。我国油菜生产的农药生产
力在 2010 年以前呈现波动下降趋势，从 1991 年的 229.21 千克下降至 2010 年的
155.89 千克，随着油菜生产的农药使用总量的不断增加，油菜生产的农药生产
力却呈现波动下降趋势，表明该阶段我国油菜生产的农药使用已处于边际报酬递
减阶段；2010 年至今，随着油菜生产过程中的农药使用量及使用强度的不断降
低，我国油菜生产的农药生产力水平逐渐恢复，2018 年增长至 223.69 千克，较
2010 年增长 43.5%（见表 2-3、图 2-4、图 2-5）。

表 2-3　1991~2019 年我国油菜生产的农业化学品生产力水平

年份	油菜籽产量（万吨）	化肥生产力（千克/千克）	农药生产力（千克/千克）	年份	油菜籽产量（万吨）	化肥生产力（千克/千克）	农药生产力（千克/千克）
1991	743.62	4.47	229.21	2006	1096.61	8.33	181.41
1992	765.31	5.02	240.03	2007	1138.16	8.29	171.77
1993	693.94	4.96	228.92	2008	1240.32	8.36	166.73
1994	749.19	5.23	196.17	2009	1353.59	8.46	171.87
1995	977.71	8.37	195.18	2010	1278.81	7.74	155.89
1996	920.11	8.28	182.48	2011	1313.73	8.13	163.41
1997	957.76	8.35	190.58	2012	1340.15	8.51	167.09
1998	830.10	6.52	160.74	2013	1363.63	8.38	171.96
1999	1013.18	7.08	173.71	2014	1391.43	8.31	177.46
2000	1138.06	6.66	185.44	2015	1385.92	8.28	184.51
2001	1133.14	7.34	195.04	2016	1312.80	8.30	190.17
2002	1055.22	6.15	174.25	2017	1327.41	8.24	200.52
2003	1142.00	7.08	181.92	2018	1328.12	8.58	223.69
2004	1318.17	9.13	200.85	2019	1348.47	8.33	181.41
2005	1305.23	8.50	190.99				

资料来源：根据历年《中国统计年鉴》《全国农产品成本收益资料汇编》，经笔者计算而得。

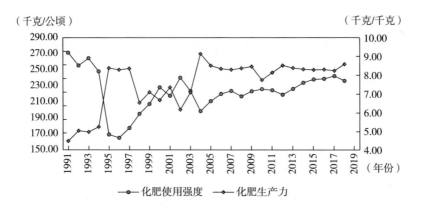

图 2-4　1991~2019 年我国油菜生产的化肥使用强度及生产力

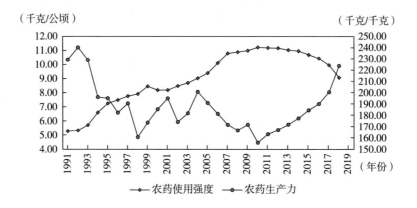

图 2-5　1991~2019 年我国油菜生产的农药使用强度及生产力

2.4.4　油菜与农作物农业化学品使用强度及生产力的比较

从农业化学品使用强度来看，1991 年我国农作物化肥使用强度为 187.52 千克/公顷，油菜为 271.20 千克/公顷，高出农作物平均水平 44.62%。1991~1994 年，油菜生产的化肥使用强度高于农作物，1994 年以后，农作物化肥使用强度逐渐超过化肥用量环境安全上限，也开始反超油菜，且呈不断增长态势，油菜与农作物化肥使用强度的差距在 2012 年达到峰值，农作物化肥使用强度高出油菜

141.26 千克/公顷。在农药方面，1991 年我国农作物农药使用强度为 5.12 千克/公顷，油菜为 5.29 千克/公顷，高出农作物平均水平 3.32%，2018 年我国油菜与其他农作物的农药使用强度相当。从图 2-6 可以看出，1994~2018 年，我国油菜生产的化肥使用强度均低于农作物平均化肥使用强度，但 2013~2018 年，油菜的化肥使用强度开始超过化肥用量环境安全上限，并有不断增长的趋势。

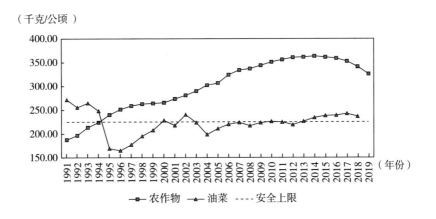

图 2-6　1991~2019 年我国农作物及油菜化肥使用强度

在农业化学品生产力方面，1991 年我国单位化肥的作物产出为 15.52 千克，油菜产出为 4.47 千克，单位化肥投入的油菜产出低于农作物平均产出的 71.20%。此外，2018 年我国每千克化肥的作物产出为 11.64 千克，油菜产出为 8.58 千克，单位化肥投入的油菜产出低于农作物平均产出的 26.29%。在农药方面，1991 年我国每千克农药的粮食产出为 568.79 千克，油菜产出为 229.21 千克，低于农作物平均水平 59.7%，2018 年我国单位农药的作物产出为 437.54 千克，油菜产出为 223.69 千克，低于农作物平均水平 48.88%。从图 2-7 可以看出，1991~2018 年，单位面积农业化肥的投入所带来的油菜产出均低于我国农作物平均水平，2004 年两者差距最小，单位面积化肥投入的油菜产出仅低于粮食产出 0.99 千克，单位面积农药投入的油菜产出低于农业平均产出 137.87 千克。

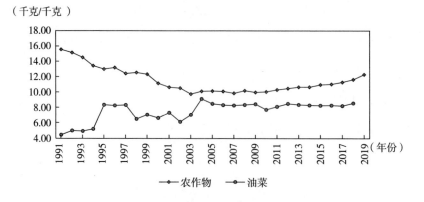

（千克/千克）

图 2-7　1991~2019 年我国农作物及油菜化肥生产力水平

农业化学品不仅可为作物生长提供充足的养分，有效防范各类病虫害等，还可以有效降低农业生产的劳动强度。近年来，油菜种植面积变化不大，但油菜生产中的农业化学品使用强度在一定程度上有所降低，却能维持原有产量水平，表明我国油菜生产中的农业化学品减量潜力巨大。因此，探究油菜生产过程中农业化学品的最优使用量，不仅可以进一步优化生产要素投入、提升种植效益，还能探索油菜产业高质量发展路径。

通过以上分析可知，我国农业化学品使用总量和使用强度整体上大致历经了由增到减的两个变化阶段；农业化学品的生产力水平整体上处于递减趋势；我国农业化学品使用强度在省域层面差异明显；我国油菜生产过程中的化肥使用总量整体上表现为波动递减态势，化肥使用强度呈现波动上升趋势；我国油菜生产的农药使用总量和使用强度呈现先波动上升后稳步减少态势（见图 2-8）；2004~2018 年，单位面积化肥投入的油菜产出整体平稳，单位面积农药投入的油菜产出则历经由波动下降至逐步恢复两个阶段；1994~2018 年，我国油菜生产的化肥使用强度均低于农作物平均化肥使用强度，油菜的化肥使用强度在 2013 年开始超过化肥用量环境安全上限，并有继续增长的趋势；单位面积农业化学品的投入所带来的油菜产出均低于我国农作物平均水平（见图 2-9）。

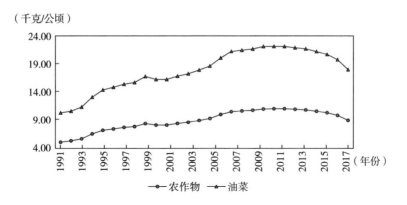

图 2-8 1991~2017 年我国农作物及油菜农药使用强度

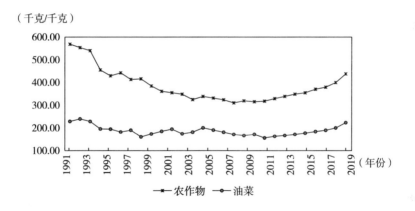

图 2-9 1991~2019 年我国农作物及油菜农药生产力水平

2.5 油菜生产技术效率及影响因素研究

2.5.1 模型与方法

不同于其他生产函数，前沿生产函数假设存在无效率，与实际情况的贴合度较高，在研究中一直被广泛应用。前沿生产函数主要分为确定性前沿生产函数及随机前沿生产函数两类，其中在确定性前沿生产函数的参数估计方法的选择上，一种是不能进行计量检验的非参数估计方法，主要包括线性规划法和数据包络分析法（DEA）；另一种是可以进行计量检验的参数估计方法，以 SFA 为主，通过极大似然估计或修正后的最小二乘法来估计生产技术效率水平。本节基于随机前沿生产函数模型，深入分析油菜生产技术效率水平及其影响因素。

2.5.1.1　理论模型

参照 Coelli 等（1996）的模型，在研究农业生产技术效率水平时，假设随机前沿函数为柯布—道格拉斯生产函数形式：

$$Y_{it}=\beta X_{it}+(v_{it}-u_{it}),\ i=1,\ 2,\ \cdots,\ N;\ t=1,\ 2,\ \cdots,\ T \tag{2-1}$$

其中，i 表示主产省份，t 表示年份，Y_{it} 表示产出变量，X_{it} 表示样本 i 在第 t 时期的投入变量，β 表示各个待估计的参数；$v_{it}-u_{it}$ 表示混合误差项，v_{it} 表示随机误差项，是生产中不可控制的因素，如地理环境、气候条件、自然灾害及统计误差等因素，$v_{it}\sim N\ (0,\ \sigma_v^2)$，反映的是随机误差；$u_{it}$ 表示管理误差项，指实际产出与生产可能性边界的差距，生产过程中，仅在完全无管理误差且技术水平达到最优（$u_{it}=0$）的情况下，产出才会在前沿面上，假设 $u_{it}\sim N^+\ (m_{it},\ \sigma_u^2)$，$u_{it}$ 是由技术非效率项引起的非负随机变量；v_{it} 和 u_{it} 相互独立。当不存在技术无效的影响时，有 $u_{it}=0$，生产函数达到了最优前沿面水平。假设生产处于理想状态时的产出为 Y_{it}^*，则可以构造技术效率函数 TE_{it}，省份 i 在 t 时期的生产效率则可以表示为：

$$TE_{it}=Y_{it}\big/Y_{it}^*=e^{-u_{it}} \tag{2-2}$$

$TE_{it}\in\ [0,\ 1]$，越趋近 1，表示技术效率越高，越趋近 0，则技术效率越低。

本节参照 Coelli 等（1996）的设定，将效率损失函数表示为：

$$U_{it}=\delta_0+\sum_{k=1}^{n}\delta_k Z_{kit} \tag{2-3}$$

其中，U_{it} 表示技术效率损失值，反映样本的实际生产水平与最优技术水平的距离；Z_{kit} 表示影响样本 i 在时期 t 的生产技术效率的第 k 项变量；δ_k 表示待估计参数，直接反映变量 Z_{kit} 对生产技术效率的影响方向和影响程度，当 $\delta_{kt}<0$ 时，表明该变量对技术效率有正向作用，当 $\delta_{kt}>0$ 时，则表明有负向作用，$|\delta_{kt}|$ 反映改变该变量及对技术效率损失的影响程度；δ_0 表示常数项。

回归方程的误差项与最小二乘古典假定存在明显差异，故不能用此方法来估计模型相关参数。随机前沿生产函数模型的参数估计采用最大似然法估计，利用技术无效率项的方差占比在似然函数中构造如下方差函数：

$$\gamma = \frac{\sigma_u^2}{\sigma_v^2 + \sigma_u^2}, \quad \gamma \in [0, 1] \tag{2-4}$$

如果 $\gamma = 0$，说明混合误差项的波动均来自随机误差项 v_{it}，即实际产出与确定前沿产出的差距来自不可控制的随机误差，当 γ 无限趋近于 0 时，则 u_{it} 趋近 0，随机前沿生产函数模型估计无效，此时应该选择最小二乘法估计；当 γ 无限趋近于 1 时，表明实际产出水平与前沿产出水平的差距基本源于技术无效率，应该选择最大似然估计，此时设定的模型应该采用随机前沿生产函数模型。

对式（2-1）两边取对数有：

$$\ln Y_{it} = \beta_0 + \beta_i \sum_{i=1}^{n} \ln X_{it} + v_{it} - u_{it} \tag{2-5}$$

在生产处于理想状态时，式（2-5）中的 $u_{it} = 0$。假定其他生产要素投入不变，在既定产出目标条件下，要素 P 的最少投入为 P_{it}^*，则式（2-5）可转化为：

$$\ln Y_{it} = \beta_0 + \beta_j \sum_{j=1}^{m} \ln X_{it} + \beta_k \ln P_{it}^* + v_{it} \tag{2-6}$$

由假定条件产出不变，则式（2-5）等于式（2-6），可得：

$$\beta_k (\ln P_{it}^* - \ln P_{it}) = \beta_k \ln P_{it}^* / P_{it} = -u_{it} \tag{2-7}$$

其中，P_{it}^* / P_{it} 表示既定产出条件下且其他要素投入不发生变化的情况下，某一生产要素的最少投入与实际投入的比例。

2.5.1.2　计量模型设定

现阶段，我国油菜生产活动作为劳动密集型生产活动的重要代表，从实际生产情况来看，油菜的单产水平会受到土地投入、劳动投入、化肥投入、农药等要素影响，考虑到农业统计口径特征以及数据的可获得性，本节以油菜单位面积产量 Y_{it} 来代表生产函数的产出变量，选择农业化学品投入 C_{it}（化肥及农药）、除农业化学投入品外的物资与服务投入 O_{it}（包括直接费用与间接费用）、劳动力投入 L_{it} 作为生产函数的投入指标，除农业化学投入品外的物资与服务投入主要包括种子费用、租赁作业费等投入，间接费用主要包括固定资产折旧、保险及销售投入。

与数据包络分析方法不同，随机前沿分析方法需要提前确定生产函数形式。在具体生产函数的选择上，Cobb-Douglas 生产函数不仅限制条件较多，而且不能分离出随机噪声和技术进步。已有众多研究发现，超越对数函数包容性更强，形式更灵活，可以更好地对数据进行拟合，并且能够反映解释变量对被解释变量的交互作用，且 Cobb-Douglas 生产函数为超越对数生产函数的特殊形式。因此，本节选择超越对数生产函数构建随机前沿生产函数分析模型，随机前沿生产函数则可以表达为：

$$Y_{it} = f(L_{it},\ C_{it},\ O_{it};\ T) + v_{it} - u_{it} \tag{2-8}$$

两边取对数：

$$\ln Y_{it} = \beta_0 + \beta_1 \ln L_{it} + \beta_2 \ln C_{it} + \beta_3 \ln O_{it} + \beta_4 t \times \ln L_{it} + \beta_5 t \times \ln C_{it} + \beta_6 t \times \ln O_{it} + \frac{1}{2}\beta_7 \ln L_{it} \times$$

$$\ln O_{it} + \frac{1}{2}\beta_8 \ln C_{it} \times \ln O_{it} + \frac{1}{2}\beta_9 \ln L_{it} \times \ln C_{it} + \frac{1}{2}\beta_{10}(\ln L_{it})^2 + \frac{1}{2}\beta_{11}(\ln C_{it})^2 + \frac{1}{2}$$

$$\beta_{12}(\ln O_{it})^2 + \beta_{13}t + \frac{1}{2}\beta_{14}t^2 + v_{it} - u_{it} \tag{2-9}$$

其中，Y_{it} 表示单位面积油菜产量，L_{it} 表示每亩劳动力投入费用（元/亩），C_{it} 表示每亩农业化学投入品费用（由于油菜生产过程中主要使用化肥及农药两种化学投入品，故此项指标为化肥及农药费用，单位为元/亩），O_{it} 表示每亩其他投入（主要包括土地、种苗、机械作业、排灌及其他间接生产费用），β_i 表示待估计系数，采用时间趋势变量 t 来反映技术进步影响。

2.5.2　变量说明与数据来源

2.5.2.1　变量说明

根据理论模型推导及数据可获得性，本节主要选取以下变量：

投入产出变量。本章旨在探究油菜生产过程中的农业化学品投入对油菜产量的影响，即在既定产量条件及其他投入要素不变情况下某一要素的最少投入，或者在既定投入要素条件下的最大产出，故选取单位面积油菜产量作为因变量。本节选取的投入变量为：①劳动力投入，指油菜生产过程中单位面积所耗费的劳动力成本，包括雇工费用及自用工折算费用，单位为元/亩。②农业化学品投入，由于油菜生产过程主要使用化肥及农药两种农业化学品，故使用油菜生产过程中单位面积的化肥费用及农药费用之和来表示，单位为元/亩。③其他物质和服务投入，主要包括油菜生产过程中其他各种农业生产资料的支出，包括土地、种苗、机械作业、排灌及其他间接生产费用。为削弱价格变动影响，本节所有费用指标以 1991 年农业生产资料价格指数为基期进行价格指数平减，农业生产资料价格指数来源于国家统计局。

油菜生产技术效率的影响因素。油菜生产活动会受到自然环境和社会环境变动的双重影响，农业自然灾害会对油菜产量造成重要影响；种植规模和机械化水平也会影响油菜生产技术效率水平，在规模化种植情况下，更便于机械化作业。基于以上影响因素，构造效率函数如下：

$$TE_{it} = \delta_0 + \delta_1 land_{it} + \delta_2 old_{it} + \delta_3 mac_{it} + \delta_4 infra_{it} + \delta_5 irr_{it} + \delta_6 dis_{it} \qquad (2-10)$$

其中，$land_{it}$ 表示 i 省 t 年的油菜种植规模，即油菜种植面积占农作物总种植面积的比重，种植比例越高，说明油菜种植规模越大；old_{it} 表示 i 省 t 年农村劳动力的老龄化水平，采用 65 岁以上农村劳动力人口占 15 岁以上农村劳动力人口的比重来衡量，用于反映油菜主产区农村劳动力老龄化程度；mac_{it} 表示 i 省 t 年机械化水平，采用农业机械总动力/农作物播种面积，单位为千瓦时/亩，反映油菜主产区的机械化程度；$infra_{it}$ 表示 i 省 t 年基础设施情况，采用单位公路里程与乡村人口总数之比来衡量，单位为千米/万人，用于反映油菜主产区基础设施建设能力；irr_{it} 表示 i 省 t 年农作物有效灌溉率，采用有效灌溉面积与农作物播种面积之比来衡量；dis_{it} 表示 i 省 t 年农业受灾率，采用农作物受灾面积与农作物播种面积之比来衡量，用于反映油菜主产区受灾情况。

2.5.2.2 数据来源

本节选取江苏、浙江、安徽、江西、河南、湖北、湖南、重庆、四川、贵州、云南、陕西、甘肃、青海 14 个油菜主产区作为样本区域进行研究，收集和整理以上 14 个省份 1991~2018 年的投入产出资料，结合数据的连续性和可得性，合计面板数据，个别年份的缺失数据则进行平滑处理；由于重庆于 1997 年成立直辖市，1991~1996 年数据样本空缺，此部分数据根据全国样本平均值增长率推算填充。为削弱价格因素所带来的影响，采用农产品生产资料价格指数对变量中涉及价值的数据进行平减处理。从省级层面来看，以上 14 个油菜主产区 2019 年的油菜收获面积占全国总收获面积的 93.44%，油菜产量占全国总产量的比重达 94.56%，因此样本区域的选择能够代表油菜产业的整体情况。样本范围包括的 14 个省份主要分布在长江流域、西南地区及西北地区。

依据上述测算研究方法，根据 1992~2019 年《中国统计年鉴》及《全国农产品成本收益资料汇编》数据资料分别测算出主要投入变量，即单位面积油菜生产的劳动力投入、农业化学品投入以及其他投入费用，根据《中国农村统计年鉴》及《中国人口和就业统计年鉴》等相关数据资料，分别测算各样本省份油菜种植规模、农村劳动力老龄化水平、农业基础设施、农作物有效灌溉率及农作物受灾率。

由表 2-4 可以看出，14 个油菜主产区的油菜单产、劳动力投入费用、农业化学品投入费用、其他投入费用、机械化水平、基础设施、有效灌溉率、受灾率等在区域层面存在明显差异。油菜单产标准差最大，表明其区域波动性最大；其次为其他投入费用、农业化学品投入费用及基础设施；农村劳动力老龄化水平标准差最小，表明各油菜主产区农村劳动力老龄化程度差异较小。

表 2-4　油菜生产函数中各变量描述性统计分析

变量	指标含义	观测数	均值	标准差	最小值	最大值
Y_{it}	油菜单产（千克/亩）	392	122.70	29.16	50.76	205.55
L_{it}	劳动力投入费用（日/亩）	392	12.32	5.84	3.46	37.60
C_{it}	农业化学品投入费用（元/亩）	392	62.40	31.17	13.18	138.83
O_{it}	其他投入费用（元/亩）	392	67.14	38.77	8.87	203.98
$land_{it}$	种植规模（%）	392	0.09	0.07	0.01	0.35
old_{it}	农村劳动力老龄化水平（%）	392	0.12	0.04	0.05	0.26
mac_{it}	机械化水平（千瓦时/亩）	392	0.27	0.15	0.05	0.81
$infra_{it}$	基础设施（千米/万人）	392	9.63	11.33	0.17	73.17
irr_{it}	有效灌溉率（%）	392	0.33	0.11	0.14	0.74
dis_{it}	受灾率（%）	392	0.27	0.15	0.01	0.81

2.5.3　估计结果与检验

2.5.3.1　随机前沿生产函数估计结果

根据设定的超越对数生产函数及技术效率函数，本节利用前沿分析软件 Frontier 4.1，对模型相关参数进行估计。从表 2-5 可以看出，σ^2 在 5% 的显著水平下通过检验，LR 检验在 1% 的显著水平下显著，表明随机前沿分析方法进行效率测算是可行的；且 γ 估计值为 0.8914，表明随机误差项 89.14% 源自技术非效率，10.86% 源自统计误差等外部影响，油菜生产的实际产量与生产前沿面的差距基本上是源自技术非效率；实证结果较为理想，模型对样本具有适用性。可见，通过改进油菜生产管理方法可以有效提高油菜生产技术效率。

表 2-5 随机前沿生产函数估计结果

系数	项目	估计值	标准差	T 值
β_0	常数项	4.5177***	0.9556	4.7279
β_1	$\ln L_{it}$	-0.0979	0.3853	-0.2542
β_2	$\ln C_{it}$	-1.0804**	0.4570	-2.3642
β_3	$\ln O_{it}$	0.9789**	0.3488	2.8067
β_4	$t \ln L_{it}$	0.0129	0.0353	0.3660
β_5	$t \ln C_{it}$	-0.0296**	0.0098	-3.0069
β_6	$t \ln O_{it}$	0.0198**	0.0090	2.2064
β_7	$\ln L_{it} \ln O_{it}$	0.0122**	0.0051	2.4076
β_8	$\ln C_{it} \ln O_{it}$	-0.0497	0.0786	-0.6322
β_9	$\ln L_{it} \ln C_{it}$	-0.2545**	0.0785	-3.2413
β_{10}	$(\ln L_{it})^2$	0.3664***	0.1025	3.5745
β_{11}	$(\ln C_{it})^2$	-0.1269*	0.0675	-1.8811
β_{12}	$(\ln O_{it})^2$	0.1498**	0.0696	2.1500
β_{13}	t	-0.0055	0.0343	-0.1604
β_{14}	t^2	-0.0022***	0.0004	-5.4427
δ_0	常数项	0.0018	0.2466	0.0074
δ_1	$land_{it}$	0.3828	0.5718	0.6695
δ_2	old_{it}	3.9311*	2.0905	1.8805
δ_3	mac_{it}	-1.2373*	0.6309	-1.9611
δ_4	$infra_{it}$	-0.0240*	0.0121	-1.9755
δ_5	irr_{it}	-1.1885*	0.6010	-1.9774
δ_6	dis_{it}	0.5248	0.2855	1.8383
σ^2		0.0930**	0.0354	2.6254
γ		0.8914***	0.0415	21.4531
log 似然函数值		157.3176		

续表

系数	项目	估计值	标准差	T 值
	LR 检验		79.5554	

注：＊＊＊、＊＊和＊分别表示1%、5%和10%的显著性水平。

根据表 2-5 油菜随机前沿生产函数的估计结果，劳动力投入变量 L_{it} 系数为负，但没有通过显著水平检验，说明劳动力投入对油菜单产仅具有方向性影响，但影响能力有限；农业化学品投入变量 C_{it} 系数显著为负，说明农业化学品投入的增加对油菜产量的增加具有负向效应；其他物质和服务投入变量 O_{it} 系数为正，且通过了 5%的显著水平检验，表明其他物质和服务投入的增加对油菜单产具有正向促进作用；交叉项、$tlnC_{it}$、$tlnO_{it}$ 通过显著性检验，这表明对于油菜生产，在农业化学品投入和其他投入不变的情况下，油菜产量会随着时间的推移而增加或减少；交叉项 $lnL_{it}lnO_{it}$、$lnL_{it}lnC_{it}$ 通过显著性检验表明在农业化学品和其他投入不变的情况下，随着油菜生产中劳动力投入的不断变化，单位面积油菜产量也会随之发生改变。

对于影响生产技术效率的因素，根据随机前沿生产函数的估计结果，油菜种植规模没有通过显著性检验，说明在油菜主产区油菜占农作物总种植面积的比重与油菜生产技术效率并无直接联系，油菜种植大省在油菜生产技术效率方面并不存在明显优势。农村劳动力老龄化水平 old_{it} 变量在 10%水平下显著为正，表明农村劳动力老龄化水平越高的地区，油菜生产技术效率越低，随着我国城镇化步伐的不断加快，我国农村劳动力老龄化程度不断加深，农村老年劳动人口过多参与农业生产劳动，不仅会带来农业生产效率的损失，还会致使农业生产发展后劲不足。机械化水平、基础设施能力、有效灌溉率等变量通过 10%的显著水平检验，表明农业机械化水平基础设施能力及有效灌溉率的提高对油菜生产技术效率的提升有正向促进作用。

2.5.3.2 模型检验

为了验证生产函数模型选择的正确性，基于似然比检验，检验了基于随机前沿生产函数模型所设置超越对数生产函数的合理性。令 LR 检验的原始假设为 H_0，备择假设为 H_1，令含有约束条件模型的似然函数值为 L（H_0），不含约束条件模型的似然函数值为 L（H_1），那么广义似然比的统计量 LR 可以表示为：

$$LR = -2 \times \left[\ln L(H_0) - \ln L(H_1) \right] \tag{2-11}$$

接下来需要检验 LR 是否服从混合卡方分布，即 $LR \sim \chi^2_{1-\alpha}(k)$，这里的 α 为显著性水平，自由度 k 为受约束变量个数。倘若计算得出的 LR 统计量比临界值大，则拒绝原假设，反之接受原假设。

假设 1：不存在无效率项。H_0：$\gamma = 0$。如果检验结果表明接受原假设，则模型不存在无效率项，导致模型误差的因素仅为随机噪声项，普通 OLS 估计方法即可满足需求；反之，如果检验结果表明拒绝原假设，则无效率项存在，SFA 模型在此情形下适用。

假设 2：模型函数为柯布—道格拉斯生产函数，即所有二次项解释变量的系数都等于零。H_0：$\beta_5 = \beta_6 = \beta_7 = \beta_8 = \beta_9 = \beta_{10} = \beta_{11} = \beta_{12} = \beta_{13} = 0$。如果检验结果表明可以接受原假设，那么生产函数使用简单的 C-D 生产函数即可；反之，如果检验结果表明需要拒绝原假设，则应该采用超越对数生产函数形式。

检验结果表明（见表2-6）：①柯布—道格拉斯生产函数形式在1%显著水平下被拒绝，超越对数生产函数形式更为适合。②样本主产区油菜生产过程中存在技术效率损失。

表2-6 假设检验结果

假设检验	假设条件	对数似然函数值	统计量	临界值（$\alpha=0.01$）	检验结果
假设 1	H_0：$\gamma = 0$	157.32	79.56	19.38	拒绝
假设 2	H_0：$\beta_i = 0$，$i = 5 \sim 13$	133.28	48.08	19.38	拒绝

2.5.4　油菜主产区生产技术效率分析

图 2-10 为 1991~2018 年我国 14 个油菜主产区油菜生产的平均技术效率变化趋势。从我国油菜主产区平均生产技术效率的变化情况来看，过去近 30 年间，我国油菜生产的平均技术效率水平整体上呈波动上升趋势，且变动幅度不大，在 [0.7290，0.9343] 区间震荡上行。我国油菜生产技术效率在 1991~1997 年整体呈波动下降趋势，1998~2004 年则呈波动上升趋势，2004 年达到最高水平，我国油菜主产区生产技术效率达 0.93，2005~2018 年则稳中有升，平均技术效率水平达 0.87%。

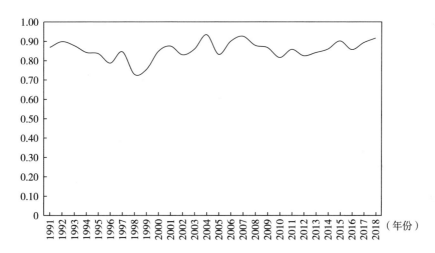

图 2-10　1991~2018 年我国 14 个油菜主产区油菜生产的平均技术效率变化趋势

根据式（2-2）可以计算得出 1991~2018 年我国 14 个油菜主产区的油菜生产效率。从表 2-7 可以看出，四川油菜生产技术效率整体水平最高，1991~2018 年油菜生产技术效率平均为 0.9173；甘肃、青海、陕西、云南、江苏、湖北、贵州、安徽的油菜生产技术效率整体水平也较高，平均生产技术效率超过 0.85，近年来逐渐趋于稳定；江西油菜生产技术效率整体水平偏低，但总体上呈稳步增长趋势。

表 2-7 1991~2018 年 14 个油菜主产区生产技术效率

年份\省份	江苏	浙江	安徽	江西	河南	湖北	湖南	重庆	四川	贵州	云南	陕西	甘肃	青海	全国均值
1991	0.9038	0.8857	0.7411	0.7696	0.9264	0.8647	0.8398	0.6315	0.9454	0.9486	0.9217	0.9429	0.9288	0.9123	0.8687
1992	0.9520	0.9411	0.8698	0.9347	0.8182	0.9193	0.8806	0.6635	0.9354	0.9511	0.9226	0.9040	0.9487	0.9383	0.8985
1993	0.9254	0.9047	0.9104	0.6624	0.9670	0.9486	0.8398	0.6372	0.9394	0.9033	0.8606	0.9597	0.9311	0.8943	0.8774
1994	0.8611	0.7747	0.8204	0.5096	0.8421	0.8594	0.8675	0.6285	0.9501	0.9438	0.9172	0.9751	0.9614	0.8847	0.8425
1995	0.8424	0.7895	0.8259	0.6454	0.9565	0.8982	0.7720	0.6305	0.9276	0.9451	0.9159	0.9471	0.7275	0.8886	0.8366
1996	0.8187	0.8498	0.8171	0.5585	0.8689	0.7834	0.6992	0.5623	0.7850	0.8400	0.8938	0.6754	0.9492	0.9268	0.7877
1997	0.8323	0.8813	0.8362	0.6580	0.8461	0.8889	0.7836	0.5953	0.8428	0.9475	0.9255	0.9337	0.9583	0.9177	0.8462
1998	0.5257	0.5605	0.4969	0.4631	0.5916	0.7081	0.8932	0.7356	0.8656	0.8832	0.9022	0.7519	0.9049	0.9229	0.7290
1999	0.8006	0.8693	0.7762	0.5296	0.5662	0.5848	0.6931	0.6691	0.8257	0.8650	0.7716	0.7919	0.9633	0.8473	0.7538
2000	0.9087	0.9663	0.8402	0.6067	0.7619	0.7339	0.8706	0.7730	0.9128	0.9116	0.9052	0.9206	0.9499	0.8116	0.8481
2001	0.9263	0.8864	0.9411	0.6956	0.8374	0.8450	0.9545	0.7873	0.9162	0.8607	0.9196	0.9640	0.8718	0.8495	0.8754
2002	0.8759	0.6212	0.8211	0.6110	0.9263	0.7424	0.7008	0.7765	0.9490	0.8677	0.9319	0.9471	0.9546	0.9040	0.8307
2003	0.8742	0.7285	0.8431	0.6839	0.9022	0.7930	0.8605	0.8260	0.9466	0.8371	0.9064	0.9633	0.9521	0.9185	0.8597
2004	0.9516	0.9439	0.9228	0.8286	0.8723	0.9607	0.9145	0.9196	0.9734	0.9524	0.9574	0.9638	0.9631	0.9565	0.9343
2005	0.8876	0.7435	0.9338	0.6505	0.7887	0.8315	0.9414	0.8850	0.8201	0.8243	0.8901	0.9215	0.7910	0.7493	0.8327

续表

省份／年份	江苏	浙江	安徽	江西	河南	湖北	湖南	重庆	四川	贵州	云南	陕西	甘肃	青海	全国均值
2006	0.9153	0.8407	0.8738	0.7279	0.9082	0.9091	0.9054	0.8950	0.9626	0.8813	0.9665	0.9525	0.9407	0.9240	0.9002
2007	0.9460	0.9265	0.9440	0.7979	0.9316	0.9572	0.9471	0.9225	0.9519	0.8693	0.9523	0.9253	0.9634	0.9333	0.9263
2008	0.9357	0.9020	0.9216	0.5707	0.9527	0.9070	0.7807	0.9071	0.9660	0.7304	0.9458	0.9037	0.9457	0.9420	0.8794
2009	0.9051	0.8523	0.9125	0.6789	0.9320	0.8980	0.7995	0.8799	0.9235	0.7837	0.8841	0.8264	0.9316	0.9438	0.8679
2010	0.9107	0.8229	0.7881	0.6348	0.7493	0.9130	0.8508	0.8761	0.9306	0.6598	0.6443	0.7746	0.9240	0.9512	0.8164
2011	0.7755	0.9032	0.6988	0.8077	0.7336	0.9102	0.9247	0.9469	0.9530	0.7882	0.9344	0.8199	0.8771	0.9426	0.8583
2012	0.8485	0.7732	0.8790	0.7095	0.7892	0.8194	0.6325	0.8680	0.9435	0.7958	0.8651	0.8142	0.8961	0.9254	0.8257
2013	0.9086	0.8451	0.9312	0.8206	0.8574	0.9355	0.8299	0.8861	0.8112	0.7837	0.6031	0.8347	0.8187	0.9223	0.8420
2014	0.9041	0.8653	0.8967	0.8055	0.7661	0.8580	0.7367	0.8609	0.9264	0.8165	0.8475	0.8663	0.9353	0.9557	0.8601
2015	0.9474	0.8967	0.9435	0.8304	0.8852	0.8665	0.8172	0.9364	0.9421	0.8618	0.9240	0.8914	0.9376	0.9461	0.9019
2016	0.9153	0.7492	0.9016	0.7102	0.8293	0.8610	0.6732	0.9419	0.9309	0.7668	0.9347	0.9249	0.9149	0.9501	0.8574
2017	0.9433	0.8939	0.9267	0.8065	0.8504	0.9200	0.7265	0.9502	0.9429	0.8185	0.9487	0.9384	0.8929	0.9456	0.8932
2018	0.9573	0.9089	0.9239	0.7918	0.8730	0.9377	0.8415	0.9689	0.9654	0.9206	0.9585	0.9525	0.8618	0.9695	0.9165
均值	0.8821	0.8402	0.8549	0.6964	0.8404	0.8591	0.8206	0.8057	0.9173	0.8556	0.8911	0.8924	0.9141	0.9134	

2.5.5　小结

本章基于超越对数生产函数形式的随机前沿分析模型，测算了我国油菜主产区的生产技术效率，从油菜种植规模、农村劳动力老龄化程度、机械化水平、基础设施水平、有效灌溉率及受灾率多个方面分析影响油菜生产技术效率的原因，主要研究结论如下：

第一，过去近30年来，我国油菜生产的平均技术效率水平整体上呈波动上升趋势，且变动幅度不大，在［0.7290，0.9343］区间震荡上行。

第二，1991~2018年，四川省油菜生产技术效率整体水平最高，油菜平均生产技术效率为0.9173。

第三，农村劳动力老龄化程度对油菜生产技术效率有显著负向影响，机械化水平、基础设施能力、有效灌溉率对油菜生产技术效率有正向影响。

2.6　油菜生产的农业化学品过量程度评价

关于农业生产中化学品投入量的合理性，可以从农学、经济学和生态环境学三个角度对农业化学品的使用状况展开评价。从农学的角度出发，主要考虑农产品产量最大化，经济学视角是假设农户是理性的经济人，在实际生产中要考虑既定条件下的生产成本最小化或者利润最大化，从生态环境而言，除了需要考虑农业化学品使用的投入成本外，还需要考虑将农业化学品投入带来的环境外部成本包括在内。在上一章中，所采用超越对数生产函数模型还不能直接反映各生产要素投入的产出弹性，本节将进一步采用C-D生产函数再次进行拟合，尝试得到更具有经济意义的函数模型。

2.6.1 生产函数模型

按照西方经济学理论的解释，在利润最大化或成本最小化的前提下，农业化学品最优使用量（农业化学品没有被过量使用）发生在农业化学品的边际产品价值 VMP 等于农业化学品价格 P 时，所以可以借助农业化学品边际产品价值与其价格的比率进一步从侧面判断是否过量使用。本节运用 C-D 生产函数模型，通过比较农业化学品的边际产品价值和价格来衡量农业化学品的过量程度。测算过程如下：首先通过构建的 C-D 生产函数模型，估计油菜的农业化学品产出弹性系数，即：

$$\ln Y_{it} = \alpha_0 + \alpha_1 \ln L_{it} + \alpha_2 \ln F_{it} + \alpha_3 \ln P_{it} + \alpha_4 \ln O_{it} + \alpha_5 T + u_{it} + \xi_{it} \qquad (2-12)$$

其中，$i = 1, 2, \cdots, n$ 表示油菜主产区省份；因变量为每亩油菜产量；自变量为油菜生产要素的投入费用或投入数量，包括家庭劳动投工量（日/亩）、化肥投入量（千克/亩）、农药花费（元/亩）以及其他物质费用投入（元/亩），其他投入是指除去化肥农药费用以后的其他物质与服务费用；α 为待估计参数，表示生产要素的产出弹性；u_{it} 表示年份虚拟变量；ξ_{it} 表示随机扰动项。

以化肥为例，根据式（2-12）可以计算出化肥产出弹性 α_2，进而计算化肥投入量的边际产品 MP_f（油菜平均单产除以化肥平均使用量，然后乘以油菜的化肥弹性系数）和边际产品价值 VMP_f（化肥的边际产品与油菜籽价格的乘积）。

其中，P_m 表示油菜籽的价格。$MP_f = \alpha_2 \times \dfrac{\overline{Y}}{\text{Fertilizer}}$，$VMP_f = P_m \times MP_f$，然后计算最优施肥量 $F_{optional}$。根据生产理论，当 $VMP_f/P_f < 1$ 时表示实际化肥使用量已经高于最优化肥使用量，表明化肥使用存在过量现象；当 $VMP_f/P_f \geq 1$ 时则表明不存在过量施肥现象。当 $VMP_f/P_f = 1$ 时，可以得出最优施肥量 $F_{optional}$，计算公式为：

$F_{optional} = \dfrac{\alpha_2 \times Y}{P_f/P_m}$。最终可以测算化肥过量使用程度，即（油菜生产的实际施肥量-

利润最大化前提下的最优施肥量）/油菜实际施肥量，公式为：过量施肥程度 = （F-F$_{optional}$）/F×100%。

2.6.2 数据来源

本节研究所用的数据与上节数据的来源基本相一致，主要来源于《全国农产品成本收益资料汇编》。其中，时间为 1991~2018 年，个体数据主要包括油菜主产省份。为削弱价格因素造成的干扰，农药花费、其他物质与服务投入等均以 1991 年为基准年，采用农产品生产价格指数进行平减，此外，部分省份缺失数据则进行平滑估计补充。

2.6.3 实证结果分析

根据表 2-8 的描述性统计分析结果，1991~2018 年，我国油菜主产区油菜籽单产水平较高，平均产量 122.70 千克/亩，最高产量水平为 205.55 千克/亩，最低产量水平为 50.76 千克/亩。从生产要素投入方面来看，油菜种植过程中的劳动力投入量最大值达 37.60 日/亩，是最小值的 11 倍；在农业化学品使用方面，我国油菜主产区农业化学品使用存在明显的地区和时间差异，油菜生产过程中的单位面积化肥使用量平均水平达 14.97 千克/亩，单位面积最高使用水平为 49.41 千克/亩，最低使用水平为 3.59 千克/亩，最高使用量约为最低使用量的 14 倍；在农药使用方面，我国近 30 年油菜的平均农药成本为 7.24 元/亩，最高值为 28.78 元/亩；除化肥农药等农业化学品外的其他物质与服务平均投入费用为 67.14 元/亩，最高达 203.98 元/亩，最低为 8.87 元/亩。

表 2-8　生产函数各变量描述性统计分析

变量	指标含义	观测数	均值	标准差	最小值	最大值
Y$_{it}$	油菜单产（千克/亩）	392	122.70	29.16	50.76	205.55

变量	指标含义	观测数	均值	标准差	最小值	最大值
L_{it}	劳动力投入数量（日/亩）	392	12.32	5.84	3.46	37.60
F_{it}	化肥投入费用（千克/亩）	392	14.97	5.03	3.59	49.41
P_{it}	农药投入费用（元/亩）	392	7.24	5.51	0.01	28.78
O_{it}	其他物质服务投入费用（元/亩）	392	67.14	38.77	8.87	203.98

2.6.4　参数估计结果

根据《全国农产品成本收益资料汇编》数据，对设定的油菜生产函数进行参数估计，结果如表 2-9 所示。首先，对面板数据进行平稳性检验，同时，设定 F 检验和 LM 检验，结果显示，均拒绝了"不存在个体效应"的原假设，表明混合 OLS 回归不适用；其次，豪斯曼检验结果也通过了 1% 的显著性水平检验，故拒绝原假设，因此选择固定效应模型。另外，由于扰动项可能存在的组间异方差和组间同期存在相关关系，为确保模型估计的有效性，同时也采用允许可行广义最小二乘法（FGLS）对模型进行估计。

表 2-9　生产函数参数估计结果

变量	FE 估计			FGLS 估计		
	估计系数	标准误	T	估计系数	标准误	T
$\ln L_{it}$	-0.036	0.041	-0.88	0.195***	0.048	4.10
$\ln F_{it}$	0.120***	0.034	3.48	0.084**	0.037	2.29
$\ln P_{it}$	0.009	0.013	0.66	0.013	0.017	0.75
$\ln O_{it}$	0.007	0.023	0.30	0.070**	0.033	2.14
$\ln t$	0.127***	0.020	6.20	0.267***	0.057	4.67
截距项	4.199***	0.194	21.67	3.105***	0.228	13.64
年份虚拟变量	控制			控制		
R^2	0.3699			0.1797		
F	60.41***			16.30***		

变量	FE 估计			FGLS 估计		
	估计系数	标准误	T	估计系数	标准误	T
BP-LM 检验	170.42 ***					
Hausman 检验	30.28 ***					

注：***、** 和 * 分别表示 1%、5% 和 10% 的显著性水平。

为了消除可能存在的共线性和异方差的影响，模型设定的各个变量均采取对数形式，各投入要素的估计系数即为各个要素的产出弹性。当检验模型估计的化肥产出弹性时，所估计的化肥弹性在统计上都显著不为零，但系数数值都很小。结果表明，化肥投入量在 5% 的水平下对油菜产量存在显著正向影响，但弹性绝对量级较小，说明化肥投入的增加对产量影响不大，同时也表明当前我国油菜生产单纯依靠化肥来实现增产的空间已非常有限。劳动力投入在 1% 的显著水平下具有统计显著性，表明在 1% 的显著水平下，劳动力投入每提高 1%，单位面积油菜产出将提高约 0.2 个百分点。农药投入变量没有通过显著性检验，但其系数为正，表明只存在方向性的影响，下文将不再展开对农药使用程度的评价分析。除化肥农药等农业化学品外的其他物质与服务投入在 5% 水平下对油菜产量有显著影响，且方向为正，但弹性系数较小，表明其他物质与服务投入的增加所能带来的油菜产量的增加有限。

2.6.5 油菜过量施肥及减量空间的判别结果

根据《全国农产品成本收益资料汇编》数据及生产函数估计的油菜化肥产出弹性，可以计算得出油菜的化肥边际产品，油菜籽价格和化肥价格分别根据国家统计局公布的农村商品零售价格指数及农产品生产价格指数进行平减。根据油菜生产是否过量施肥的测算结果，油菜的化肥边际产品价值与化肥价格的比值位于 0.37~0.85，均小于 1，这意味着在我国油菜生产过程中，化肥使用均存在经济过量现象，即增加的化肥投入成本大于其所带来的增产效益。其中，2008 年油菜的化肥边际产品价值与化肥价格的比值达到最高的 0.85，表明此阶段我国油菜生产的过量施肥程度最轻（见表 2-10）。

表 2-10　基于经济学视角的油菜生产的化肥评价

年份	油菜单产$\overline{Y}_i$	油菜籽价格$\overline{P}_{mi}$	化肥价格$\overline{P}_{fi}$	MP_f	VMP_f	VMP_f/P_f	是否过量
1991	80.70	1.38	1.20	0.38	0.52	0.43	过量
1992	87.07	1.28	1.28	0.45	0.58	0.45	过量
1993	89.62	1.19	1.34	0.47	0.56	0.42	过量
1994	86.28	2.18	1.78	0.55	1.20	0.67	过量
1995	94.11	2.37	2.95	0.72	1.72	0.58	过量
1996	92.82	2.42	3.91	0.70	1.70	0.43	过量
1997	100.79	2.56	4.08	0.73	1.87	0.46	过量
1998	88.63	2.77	3.51	0.58	1.61	0.46	过量
1999	97.99	2.35	3.58	0.63	1.49	0.42	过量
2000	98.24	1.83	2.83	0.58	1.05	0.37	过量
2001	103.77	1.85	2.38	0.55	1.01	0.43	过量
2002	99.69	1.90	2.60	0.51	0.98	0.38	过量
2003	106.66	2.40	2.61	0.59	1.41	0.54	过量
2004	119.47	2.66	3.01	0.72	1.92	0.64	过量
2005	119.56	2.26	3.68	0.68	1.53	0.41	过量
2006	121.09	2.35	3.71	0.70	1.64	0.44	过量
2007	124.16	3.41	3.24	0.69	2.34	0.72	过量
2008	126.77	4.91	4.01	0.69	3.40	0.85	过量
2009	126.63	3.64	5.22	0.70	2.53	0.48	过量
2010	118.07	3.94	4.28	0.65	2.54	0.59	过量
2011	124.74	4.45	4.33	0.67	3.00	0.69	过量
2012	130.33	4.93	5.61	0.72	3.55	0.63	过量
2013	131.33	5.30	5.60	0.70	3.72	0.66	过量
2014	136.40	5.28	5.32	0.69	3.62	0.68	过量
2015	138.23	4.67	5.01	0.70	3.25	0.65	过量
2016	138.34	4.58	4.89	0.69	3.17	0.65	过量

续表

年份	油菜单产$\overline{Y_i}$	油菜籽价格$\overline{P_{mi}}$	化肥价格$\overline{P_{fi}}$	MP_f	VMP_f	VMP_f/P_f	是否过量
2017	140.58	5.13	5.27	0.70	3.58	0.68	过量
2018	141.10	5.18	5.48	0.71	3.70	0.68	过量

资料来源：历年《全国农产品成本收益资料汇编》，油菜籽价格根据国家统计局农村商品零售价格指数平减折算而得，化肥价格=化肥投入费用/化肥投入数量。

图 2-11 显示了 1991~2017 年我国油菜生产的过量施肥程度的变化趋势。可以发现，我国油菜过量施肥程度变化趋势大致经历了先波动上升（1991~2000年）后波动下降（2001~2011 年）再稳中有降（2012~2017 年）三个阶段。第一阶段为波动上升阶段，除 1994 年油菜化肥过量使用程度大幅降低外，总体上呈上升趋势，此阶段油菜生产的化肥过量使用程度上升了 36.57 个百分点。第二阶段为波动下降阶段，整体呈连续斜"W"形趋势，此阶段油菜化肥过量使用程度降低近 123.80 个百分点，过量施肥程度下降可能是由于农产品价格下跌、国内化肥市场逐渐对外开放导致化肥价格机制逐步形成以及生产成本上升等原因导致。第三阶段为稳中有降阶段，2012~2018 年，油菜化肥过量使用程度基本稳定

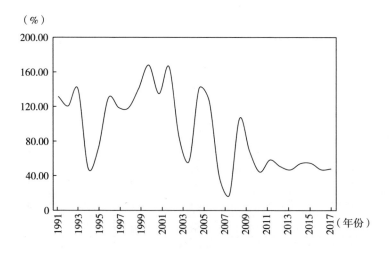

图 2-11　1991~2017 年我国油菜过量施肥程度变化趋势

在 40%左右，2015 年《到 2020 年化肥使用量零增长行动方案》及《到 2020 年农药使用量零增长行动方案》颁发以后，油菜化肥过量使用程度有所下降，但降幅较低。

基于经济学视角的我国油菜过量施肥程度如表 2-11 所示，1991～2018 年，近一半年份我国油菜的过量施肥程度超过最优化肥使用量的 1 倍以上，其中，2000 年油菜过量施肥程度最高，达 168.10%，2008 年油菜过量施肥程度最低，为 17.94%（见表 2-11）。

表 2-11 1991～2018 年基于经济学视角的我国油菜过量施肥程度

年份	化肥平均用量（千克/亩）	最优化肥使用量（千克/亩）	过量程度（%）	单位面积化肥减量空间（千克/亩）	化肥总量减量空间（万吨）
1991	18.05	7.79	131.53	10.25	94.31
1992	16.13	7.31	120.61	8.82	79.02
1993	16.06	6.68	140.37	9.38	74.58
1994	13.17	8.88	48.43	4.30	37.29
1995	10.91	6.35	71.68	4.55	47.17
1996	11.13	4.83	130.18	6.29	63.55
1997	11.62	5.31	118.81	6.31	61.27
1998	12.82	5.87	118.49	6.95	68.08
1999	12.96	5.39	140.41	7.57	78.35
2000	14.29	5.33	168.10	8.96	100.69
2001	15.94	6.79	134.78	9.15	97.37
2002	16.29	6.12	166.06	10.16	108.92
2003	15.25	8.24	85.05	7.01	75.92
2004	13.88	8.86	56.66	5.02	54.75
2005	14.86	6.16	141.27	8.70	94.98
2006	14.58	6.44	126.24	8.13	73.00
2007	15.21	10.99	38.39	4.22	38.85
2008	15.37	13.03	17.94	2.34	23.97
2009	15.28	7.41	106.21	7.87	84.65
2010	15.35	9.12	68.34	6.23	68.40

年份	化肥平均用量（千克/亩）	最优化肥使用量（千克/亩）	过量程度（%）	单位面积化肥减量空间（千克/亩）	化肥总量减量空间（万吨）
2011	15.53	10.76	44.30	4.77	51.42
2012	15.23	9.62	58.23	5.60	60.41
2013	15.72	10.43	50.80	5.30	57.16
2014	16.69	11.37	46.87	5.33	57.20
2015	16.68	10.82	54.22	5.87	61.83
2016	16.79	10.88	54.34	5.91	58.74
2017	16.92	11.51	47.02	5.41	54.01
2018	16.59	11.21	47.99	5.38	52.85

从单位面积化肥减量空间来看，自 2015 年以来，我国油菜生产的化肥过量使用程度有所缓解，单位面积化肥减量空间在逐步缩小，化肥实际使用量与经济学视角的最优使用量在逐步接近，油菜生产的化肥使用总量减量空间也随之缩小。根据 2018 年我国油菜总种植面积 9826 万亩计算，若我国油菜生产过程中的化肥使用满足经济学视角的最优使用水平，可减少使用化肥 52.85 万吨，占我国农业化肥使用总量的 0.93%。

2.6.6　小结

根据柯布—道格拉斯生产函数，测算利润最大化前提下我国油菜生产的化肥产出弹性系数为 0.084；从经济学角度分析，1991~2018 年我国油菜生产均存在过量施肥现象，油菜过量施肥程度变化趋势大致经历了先波动上升（1991~2000 年）后波动下降（2001~2011 年）再稳中有降（2012~2018 年）三个阶段，其中，2000 年油菜过量施肥程度最高，达 168.10%，2008 年油菜过量施肥程度最低，为 17.94%；自 2015 年以来，我国油菜生产的化肥过量使用程度有所缓解，2018 年我国油菜生产可减少施肥 52.85 万吨。

2.7　研究结论与政策建议

2.7.1　研究结论

本章利用《中国统计年鉴》《全国农产品成本收益资料汇编》相关数据，在总结我国农业和油菜生产的农业化学品使用在时间和空间上现状差异的基础之上，采用理论分析与实证分析相结合的方法，来讨论我国油菜生产的技术效率水平及影响因素，并测算出我国油菜最优施肥水平及减量空间，分析得出以下主要结论：

首先，利用 1991~2018 年我国统计数据分析全国农业及油菜生产的农业化学品使用现状。研究表明：①我国农业化学品使用总量和使用强度整体上历经由增到减两个阶段，农业化学品的生产力水平整体上处于递减趋势，我国农业化学品使用强度在省域层面差异明显。②在油菜农业化学品使用强度方面，我国油菜生产过程中的化肥使用总量整体上呈现波动递减趋势，油菜的化肥使用强度呈现波动上升趋势，油菜生产的农药使用总量和使用强度表现为先波动上升后稳步减少态势。③在油菜农业化学品生产力方面，2004~2018 年，单位面积化肥投入的油菜产出整体平稳，单位面积农药投入的油菜产出则历经由波动下降至逐步恢复两个阶段。④油菜与其他农作物平均水平相比，1994~2018 年，我国油菜生产的化肥使用强度均低于农作物平均化肥使用强度，油菜的化肥使用强度在 2013 年开始超过化肥用量环境安全上限，并有不断上涨的趋势，单位面积农业化学品的投入所带来的油菜产出均低于我国农作物平均水平。

其次，利用超越对数形式的随机前沿生产函数模型，估计油菜主产区生产技术效率水平。研究表明：①过去近30年间，我国油菜生产的平均技术效率水平整体上呈波动上升趋势，且变动幅度不大，2018年全国油菜主产区平均技术效率水平达0.9165，四川省油菜生产技术效率整体水平最高，油菜生产的平均技术效率为0.9173，我国油菜生产技术效率还有进一步提升的空间。②在油菜生产技术效率的影响因素方面，农村劳动力老龄化程度对油菜生产技术效率的影响显著为负，机械化水平、基础设施能力、有效灌溉率对油菜生产技术效率有正向影响。

最后，在采用柯布—道格拉斯生产函数测算利润最大化的前提下我国油菜生产的化肥产出弹性及最优施肥水平。研究结果表明：①在利润最大化的前提下我国油菜生产的化肥产出弹性为0.084。②1991~2018年我国油菜生产均存在过量施肥现象，油菜过量施肥程度变化趋势大致经历了先波动上升（1991~2000年）后波动下降（2001~2011年）再稳中有降（2012~2018年）三个阶段，其中，2000年油菜过量施肥程度最高，达168.1%，2008年油菜过量施肥程度最低，为17.94%。③自2015年以来，我国油菜生产的化肥过量使用程度有所缓解，2018年我国油菜生产可减少施肥52.85万吨。

2.7.2　政策建议

2021年中央一号文件再次提道"持续推进化肥农药减量增效工作"，近年来，我国一直把化肥农药减量增效作为工作重点，对油菜及其他农作物的生产要素投入产生了重要影响。而且，从2015年开始，化肥农药减量增效工作就已取得了良好的成效，在该政策的引导下，高毒、高残留农药使用逐渐减少，化肥使用更加合理。同时，农产品加工企业也紧跟政策发展的步伐，在农业化学品领域，先后推广应用了微生物肥料、有机肥、土壤调理剂、植物生长调节剂等环保产品，近两三年来，此类产品对于市场份额迅速扩大起到了重要作用。

根据上述研究结论，为进一步降低农业化学品使用总量，合理调整农业化学品使用程度、提高农业化学品的利用效率，促进部分农业化学品减量行动的高效执行，提出如下政策建议：

一是加强和完善农业化学品顶层设计。始终把促进农业化学品减量化作为农业可持续发展、农业高质量发展的核心抓手，合理引导地方从目标任务、重点区域、技术路径、主要措施等方面制订符合当地油菜种植的落地方案。

二是制定油菜种植科学施肥用药技术规范。指导种植户在油菜生产过程中科学合理地施肥用药。特别要关注农药方面，扩大《安全科学使用农药挂图》及《禁限用农药名录》等指导文件的受众群，从意识形态上引导种植户科学合理使用农药。

三是推广"一菜多用"，提高油菜种植收益。油菜除作为油料作物的功能之外，还具有菜用、花用、蜜用、饲用、肥用等多种功能。不同于菜籽油，这些多功能性大多是难以进行国际贸易的，可免予受国际市场冲击，进而提高油菜种植收益。建议各地根据各自的区位优势和主导产业，因地制宜建设一批示范区，推广"一菜多用"开发模式。

四是加大油菜政策扶持力度。首先，因地制宜，结合当地的实际情况，切实优化生产布局，尤其是在支持油菜统一供种、全程机械化生产和龙头企业的贷款贴息方面给予一定补贴支持；其次，整合资金投入小榨企业浓香菜籽油初加工，奖励油菜适度规模经营，重点支持种植大户、家庭农场、农民合作社、农业社会化服务组织等新型经营主体；再次，政府应当引导与推动油菜产品进入电商平台渠道，发展订单生产模式，扩大油菜生产规模，提升产业化经营水平；最后，对加拿大的油菜籽及菜籽油实施技术性贸易壁垒，提高控制进口的油料产品数量和价格，缓解其对国内油料产业的冲击。

第3章 测土配方施肥对油菜
生产的影响

3.1 引言

　　增加化肥是粮油作物增产最有效、最迅速的措施和途径之一。实践经验表明，通过增加化肥投入量以实现产出的增加，其效果十分明显（曾靖等，2010）。联合国粮农组织（FAO）的研究结果表明，过去30年来，世界粮食产量增加的50%是由于化肥使用量增加所导致的，1978~2006年，中国的化肥投入对粮食产量增加的贡献率达到了57%，可以这样说，化肥是粮食的"粮食"（王祖力等，2008），在保障粮食安全方面发挥了极其重要的作用。但过分依赖化肥来增产，不具备可持续性，从目前实际情况来看，我国化肥使用已逐步发展为严重不合理的状况（罗小娟等，2013）。2013年全国农用化肥使用折纯量已经达到5.9×10^7吨，超过世界总用量的1/3，耕地化肥使用折纯量达到437.4千克/公顷，是世界平均水平的4倍以上。

化学过量投入的问题也开始引起学者的广泛关注。史常亮（2016）基于 2004～2013 年省级农产品成本收益面板数据对化肥使用程度进行测算，结果显示，玉米、小麦和水稻的过量施肥程度分别达 50.74%、27.26% 和 24.67%，长期以来的化肥过量投入，不仅会造成资源的浪费、农业生产成本的增加，同时也会导致耕地板结、土壤酸化和水体污染等问题。为了提高化肥的使用效率以及降低化肥使用量，2005 年 4 月，农业部开展了测土配方施肥春季行动，投入 2 亿元建立测土配方施肥专项补贴，在全国 200 个县开展了第一批试点工作。测土配方施肥技术以土壤测试和肥料田间试验为基础，根据作物需肥规律、土壤供肥性能和肥料效应，在合理使用有机肥料的基础上，提出氮、磷、钾及中、微量元素等肥料的使用数量、施肥时期和使用方法以期探索出高效节本的施肥方式，从而提高化肥利用效率，达到减小化肥面源污染和增加农民收益（李昌健，2005）。2015 年 2 月，农业部印发了《到 2020 年化肥使用量零增长行动方案》，提出"2015 年到 2019 年，逐步将化肥使用量年增长率控制在 1% 以内；力争到 2020 年，主要农作物化肥使用量实现零增长"。

油菜作为我国第一大油料作物，在我国食用油供给中占有举足轻重的地位，2015 年油菜临储收购政策取消，油菜种植面积出现下滑，此种现状不利于我国油菜产业的健康持续发展，我国油菜种植面积萎缩的主要原因是农民油菜种植效益大幅下降，除了我国人工成本迅速上涨之外，化肥等生产要素的价格上涨以及化肥的不合理使用，也是推动油菜种植成本上升的重要因素。研究发现化肥对农业增产的效果开始下降，李谷成（2015）基于超越对数生产函数模型和固定效应估计，对油菜生产各要素投入的产出弹性和要素替代弹性进行估计，探讨油菜生产的增长路径，发现在我国油菜生产中，化肥的生产力增长呈下降趋势，年均增长率为 -0.2%。因此，如何通过科学适量施肥来提高化肥的使用效率是当前农业发展的一条重要途径，氮、磷、钾是化肥中最重要的三种要素，因此将氮、磷、钾肥的投入值设置为自变量研究其对油菜产出值的影响，并依据实证分析结果为指导农民科学施肥提供重要理论依据和实践借鉴。

3.2 文献回顾

关于化肥对农作物的增产效应，概括起来，可以划分为农学、生态学以及经济学三个方面的研究：一是基于农学的视角，农学往往是以产量最大化为目标，通常是基于大量的田间试验数据进行统计分析，测算出使农作物产量最大时化肥最佳的投入结构，目前基于农学层面来研究化肥增产作用成果较为丰硕，对规范农民合理施肥具有重要的现实指导作用。廖佳丽（2010）研究了配方施肥对水稻农艺性状和产量的影响以及使用氮、磷、钾肥的肥料效应，并运用统计学的研究方法对试验结果进行分析，最终给出水稻施肥的最佳配方。杨俐苹（2011）应用"3414"试验数据进行土壤养分分级、基于三元二次肥料效应模型建立肥料指标体系进行研究，得出了海拉尔地区油菜土壤有效磷的分级和施肥指标。二是基于生态学的研究视角，化肥作为一种化学原料，在给土地带来肥力的同时，由于化肥的使用往往会带来诸如环境污染的外部不经济现象，过量地使用化肥给生态环境所带来的破坏甚至会超过其所带来的经济收益，因此基于生态学视角的研究是将化肥使用的外部性成本也纳入考虑范围，从社会总成本的角度测算化肥使用的最佳结构，向平安等（2006）选取洞庭湖地区作为研究对象，分析了农田化肥的外部成本和经济生态使用量，其采用环境影响经济评价方法，估算了化肥的外部性成本，并运用生产函数模型制定了化肥的最佳使用量。三是基于经济学的研究视角，经济学往往是追求利益最大化，即以尽可能小的投入实现最大的经济回报收益，史常亮（2016）基于两个层面的调查数据研究发现化肥的增产作用在降低，也就是说，单纯地通过增加投入来增加产出，已经不能达到良好效果，换言之，化肥使用量已经超过了最佳量，其中粮食作物的化肥使用平均过量 30% 以上。

综上所述，无论是从农学还是生态学角度的研究，均为农民科学施肥提供了较为合理的指导，但农民增收始终是我国农业发展的重要衡量标准。单纯地追求作物产量最大化未必能有效地实现农民增收，尤其在我国农资价格不断上涨和农产品价格起伏不定的现实背景下，产量的最大化与经济学的最优并无一致性，如果纯粹追求产量，容易导致化肥等投入要素的滥用，不仅是一种资源的浪费，而且抬高了农作物的种植成本。因此，在市场经济环境下，基于经济学的视角探讨配方施肥可以更为科学合理地指导配方施肥。虽然从经济学的角度研究不在少数，但大多是基于调查问卷式的访谈，在获取农民信息时主要依靠农民回忆来进行数据录入，因此所记录的数据与真实数据存在一定偏差，由于最佳施肥结构应该是一种科学可测的结构，通过农民的调研数据并不能准确地反映客观事实，因此本章采用田间试验数据来弥补这一缺陷，在数据获取上采用严格的自然科学试验流程，数据的偏差能够得到有效控制。此外，大多数学者是将化肥整体投入作为研究对象，用以分析不同化肥投入量所带来的边际产量，虽然也能够得出化肥的整体产出效果，但并未对化肥的内部要素进行细分，且大多是较为笼统地研究化肥投入产出效应，难以对测土配方施肥方案设计提供有效指导。本章以氮、磷、钾肥投入值为自变量，以油菜产值为因变量，探索氮、磷、钾肥投入的变化对油菜产值的影响以及三种投入要素之间的相互作用，在方法以及数据方面有一定的创新。

3.3 理论、方法、数据

3.3.1 理论解释

3.3.1.1 替代关系

要素替代弹性这一概念最早由 Hicks（1932）提出，是指在既定产出及其他要素价格不变的条件下，两种要素的相对价格变化所带来的这两种要素投入比例的相对变化，用来表示要素投入变动对要素相对价格变动的反应敏感程度。王寅（2011）有关化肥对油菜产出影响的研究证实了氮、磷、钾肥在不同阶段通过影响油菜的生长来影响油菜的产量，大量研究发现，氮、磷、钾肥对油菜的生长具有不同的促进效应，氮能促进有机体生长发育，增加分枝，花多角多（段海燕等，2001），磷主要是对能量传递体系起介质的作用（唐金花等，2013），钾对油菜体内多种重要的酶类起催化剂的作用（黄欠如等，2006），三种化肥元素通过不同的影响机制来影响油菜籽产量，最终的作用效果都是表现在影响油菜籽产量上，因而可以说氮肥、磷肥以及钾肥对于促进油菜生产表现出了一定替代关系。

3.3.1.2 互补关系

任何生产行为的展开需要投入诸多不同的生产要素。在经济学中较为经典的生产函数就是柯布—道格拉斯生产函数，函数中涵盖了最基本的生产要素如资本、劳动力以及土地要素，各要素之间虽然能够相互替代，但并不能完全替代，且要素之间的边际替代率呈现递减趋势，且在某一阶段同时表现为互补关系，因为任何生产活动持续不可能仅有一种生产要素的投入，而是多种生产要素的共同作用下才能完成生产。油菜的整个生命周期完成是不同生产要素的共同作用的结果，作为一种富有生命力的物体，其在不同的生长阶段对要素的需求状况存在差异，对于水、肥、气、热等需求缺一不可，因而这些要素在促进油菜生产的过程中便是一种互补（唐秀美等，2009）。

3.3.2　研究模型

本章采用超越对数生产函数（Translog Production Function），这种可变替代弹性生产函数可以估计出氮、磷、钾肥之间的替代关系以及三种要素的产出特性。此外，劳动力投入、气候因素以及地块的土壤肥力状况对油菜单产也有着十分重要的影响，由于本章主要研究施肥量对油菜产值的影响，因此将以上三种因素作为控制变量加入模型中，以控制其可能对油菜产值带来的影响。在劳动力投入方面：本章采纳《全国农产品成本收益资料汇编》中的油菜每亩劳动力成本投入来表示；在土壤肥力方面：由于在试验中同时做了一组对照试验，对照试验是在该地块不施肥的状况下油菜的产量，那么对照组的产量就可以反映该地块的土壤肥力状况；在气候因素方面：唐秀美等（2012；2015）认为温度和降水量对油菜产量的影响呈倒"U"形曲线变化趋势，吴丽丽（2015）将温度以及降水量的二次项在模型中分析气候变化对油菜单产的影响，本章参照上述做法，分别将积温以及积水的二次项与一次项加入模型中，综合以上分析，油菜的生产函数模型形式设置如下：

$$\ln Y_i = \beta_0 + \beta_n \ln N_i + \beta_p \ln P_i + \beta_k \ln K_i + \beta_{nn}(\ln N_i)^2 + \beta_{pp}(\ln P_i)^2 + \beta_{kk}(\ln K_i)^2 +$$

$$\beta_{np} \ln N_i \ln P_i + \beta_{pk} \ln P_i \ln K_i + \beta_{nk} \ln N_i \ln K_i + \beta_{lab} llab + \beta_{fer} lfer + \beta_{tem} ltem + \beta_{tem2}$$

$$(ltem)^2 + \beta_{pre} lpre + \beta_{pre2}(lpre)^2 + u \qquad (3-1)$$

其中，Y 表示油菜籽的产值，N、P 和 K 分别表示油菜生产过程中所投入的氮、磷、钾肥的投入值，其核算单位原本均为千克/公顷，为便于研究，故将量纲进行统一化处理，单位均折算为元/公顷，lab 表示油菜生产中的每亩劳动力投入成本，fer 表示各试验地区的土壤肥力（不施肥时该田块的产量），tem 和 pre 则分别表示所对应的温度及降水量，本章所采用的指标分别为积温和积水，数据来源于国家气象数据共享网，以上控制变量指标分别按照各年份及试验田块进行匹配对应，以保证数据的一致性。

3.3.3 方法介绍

3.3.3.1 生产要素产出弹性

按照超越对数形式生产函数，可以推导出各要素的产出弹性计算公式：

氮肥投入产出弹性计算公式为：

$$\eta_N = \frac{\dfrac{dY}{Y}}{\dfrac{dN}{N}} = \frac{dlnY}{dlnN} = \beta_N + 2\beta_{NN}lnN_i + \beta_{NP}lnP_i + \beta_{NK}lnK_i \tag{3-2}$$

磷肥投入产出弹性计算公式为：

$$\eta_P = \frac{\dfrac{dY}{Y}}{\dfrac{dP}{P}} = \frac{dlnY}{dlnP} = \beta_P + 2\beta_{PP}lnP_i + \beta_{PK}lnK_i + \beta_{PN}lnN_i \tag{3-3}$$

磷肥投入产出弹性计算公式为：

$$\eta_K = \frac{\dfrac{dY}{Y}}{\dfrac{dK}{K}} = \frac{dlnY}{dlnK} = \beta_K + 2\beta_{KK}lnK_i + \beta_{PK}lnP_i + \beta_{KN}lnN_i \tag{3-4}$$

3.3.3.2 生产要素之间的交互效应

要素的替代弹性，是指某一时期内所有投入要素价格和技术水平不变的条件下，两种要素边际技术替代率的相对变动所带来这两要素投入比例的相对变动，即两要素投入比例变动的百分比与该两要素边际技术替代率变动百分比的比值。如果这两要素之间的替代弹性值越接近于 0，则表明两种要素之间的替代性较弱。若两种要素之间的替代弹性为负数，则表明两要素之间存在互补的关系，如果替代弹性的取值趋于无穷大时，则表明两要素之间是完全替代的关系，即数值越大，则替代关系越强。在上述的要素弹性计算公式中，MP_N、MP_P、MP_K 分别表示氮、磷、钾肥的边际产出。

氮肥与磷肥的替代弹性计算公式为：

$$\theta_{NP} = \frac{d\left(\dfrac{N}{P}\right)}{\left(\dfrac{N}{P}\right)} \Bigg/ \frac{d\left(\dfrac{MP_N}{MP_P}\right)}{\left(\dfrac{MP_N}{MP_P}\right)} = (\eta_P^2 - \eta_N \eta_P)/(\eta_P^2 - \eta_N \eta_P - \beta_{NP} \eta_N + 2\beta_{NN} \eta_P) \tag{3-5}$$

氮肥与钾肥的替代弹性计算公式为：

$$\theta_{NK} = \frac{d\left(\dfrac{N}{K}\right)}{\left(\dfrac{N}{K}\right)} \Bigg/ \frac{d\left(\dfrac{MP_N}{MP_K}\right)}{\left(\dfrac{MP_N}{MP_K}\right)} = (\eta_K^2 - \eta_N \eta_K)/(\eta_K^2 - \eta_N \eta_K - \beta_{NK} \eta_N + 2\beta_{NN} \eta_K) \tag{3-6}$$

磷肥与钾肥的替代弹性计算公式为：

$$\theta_{PK} = \frac{d\left(\dfrac{P}{K}\right)}{\left(\dfrac{P}{K}\right)} \Bigg/ \frac{d\left(\dfrac{MP_P}{MP_K}\right)}{\left(\dfrac{MP_P}{MP_K}\right)} = (\eta_K^2 - \eta_P \eta_K)/(\eta_K^2 - \eta_P \eta_K - \beta_{PK} \eta_L + 2\beta_{PP} \eta_K) \tag{3-7}$$

3.3.4　数据来源

本章的数据资料由华中农业大学资源与环境学院作物养分管理课题组提供，数据资料收集了 2005~2009 年课题组在我国 10 个油菜主产省份的田间试验数据，样本总量为 1722 份。在试验过程中，通过控制氮、磷、钾肥的投入量，并记录相对应的油菜籽产量数据，构成了 1722 份田间试验数据样本材料。目前测土配方试验技术主要包括肥料用量、施肥时期、肥料类型、施肥位置，本章中的试验过程中对施肥时期、施肥类型以及施肥位置均加以控制，具体做法是肥料使用时期：氮肥以基肥：薹肥＝6∶4，磷、钾肥均以基肥使用，整地时撒施肥料，翻土覆盖，肥料深度控制在土层 10 厘米左右，因此在本章中施肥量以外的因素并未对本章的试验结果产生影响（白由路等，2015）。试验材料主要分布在安徽、贵州、湖北、湖南、江苏、江西、陕西、重庆、四川以及浙江，这些省份均为我国油菜籽的主要生产省份。氮、磷、钾肥指的是 N、P_2O_5 以及 K_2O，根据《全国农产品成本收益资料汇编》各种肥料的投入值以及投入量，可以折算出尿素、过磷酸钙以及氯化钾的当期价格，按照通常含量配比（其中尿素含 N 比例为 46%，过磷酸钙含 P_2O_5 比例为 12%，氯化钾含 K_2O 比例为 60%）进行折算，以此方法可以将氮、磷、钾肥的投入量进一步换算氮、磷、钾肥的投入值。由于试验过程中的化肥原材料是由试验课题组统一进行采购，因而几乎可以忽略地区间的化肥价格差异，统一采用全国化肥均价进行计算。同样根据《全国农产品成本收益资料汇编》的数据，按照对应的省份和年份计算出 1722 个试验材料的油菜籽产值，整个试验材料的数据均统一为数值，以便于进行经济学分析。

3.4　实证分析

3.4.1　投入要素及产出要素价格走势

通过收集统计 2005～2013 年氮、磷、钾肥的价格情况，通过绘制三种肥料价格走势图（见图 3-1）可以发现，各年之间化肥要素的价格波动较大。其中，氮肥最低价格为 3.97 元/千克，最高价格为 5.16 元/千克；磷肥最低价格为 2.80 元/千克，最高价格为 5.80 元/千克；钾肥最低价格为 3.82 元/千克，最高价格为 7.14 元/千克。

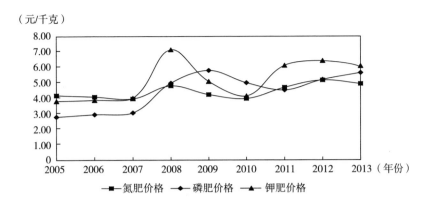

图 3-1　中国氮肥、磷肥、钾肥价格走势

　　我们统计了 2002 年国内油菜籽价格变化趋势，如图 3-2 所示，2008 年以前，我国油菜籽价格变化较大，2008~2015 年，我国油菜籽价格走势趋于稳定，这主要是由于在 2008~2015 年，我国政府实施了油菜籽临时收储政策，对油菜籽实行的是最低保护价，最低保护价政策起到了稳定油菜籽价格的作用，但在 2015 年 6 月国家决定取消油菜籽临时收储政策，油菜籽价格出现巨幅下滑，因此今后油菜籽价格变化将面临较大的不确定性。

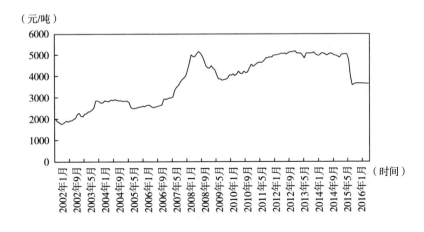

图 3-2　中国油菜籽价格走势

综上所述，无论是化肥价格，还是油菜籽价格，整体上都存在一定的波动性，虽然通过农学田间试验，在一定程度上，可以为配方施肥提供指导，但从农户的角度而言，其决策往往是理性地追逐经济利益，如果单纯谋求以最少的化肥投入量获取最大的油菜产出量，具有一定的片面性，况且农业生产要素以及农作物的价格波动性，使各年份之间化肥的产出效应存在差异，各种化肥要素价格波动时，同样的投入量代表的投入值并不相同，在不同年份相同产出量的油菜籽也代表着不同的产出值，因此，分析化肥投入值与油菜的产值之间的关系能够弥补这一不足，以产值为导向与市场经济规则也是极为相符的。

3.4.2 要素产出弹性

根据前文描述的超越对数生产函数模型，借用 Stata 软件进行回归可以得出回归模型的各项参数的数值，模型估计结果如表 3-1 所示，并依照前文所述计算方法，可以测算出油菜生产过程中氮、磷、钾肥的边际产出。根据要素弹性计算公式，油菜生产各种化肥元素的弹性系数如表 3-2 所示。

表 3-1　模型估计结果

变量	估计值	标准差	T 值	P 值
lnN	−4.5226	2.2049	−2.05	−0.040
lnP	3.5627	1.1113	3.21	0.001
lnK	−1.4391	0.8687	−1.66	0.098
lnN×lnN	0.2293	0.1636	1.40	0.161
lnP×lnP	−0.2558	0.0594	−4.31	0.000
lnK×lnK	0.1467	0.0513	2.85	0.004
lnN×lnP	0.1566	0.1344	1.16	0.244
lnN×lnK	−0.0220	0.1446	0.15	0.879
lnP×lnK	−0.0776	0.0748	−1.04	0.300
lnlab	0.1357	0.0463	2.93	0.003
lnfer	1.2981	0.2895	4.48	0.000

续表

变量	估计值	标准差	T值	P值
lnpre	-0.7649	0.4301	-1.78	0.076
lntem	17.5101	15.7749	1.11	0.267
$(lnpre)^2$	0.0684	0.0368	1.86	0.063
$(lntem)^2$	-1.1074	1.0001	-1.11	0.269
c	-62.5855	63.4597	-0.99	0.324
number	1722	—	—	—
$Adi-r^2$	0.1841	—	—	—

表3-2 氮、磷、钾肥的投入产出弹性

省份	氮肥	磷肥	钾肥
贵州	0.0770	0.2408	0.0061
四川	0.1743	0.2110	0.0189
重庆	0.1995	0.2599	0.0938
陕西	0.2477	0.1223	0.1070
湖北	0.2518	0.1873	0.0484
湖南	0.2972	0.1505	0.0594
江西	0.2619	0.3164	0.0738
安徽	0.3484	0.1491	0.1181
江苏	0.4473	0.1601	0.1107
浙江	0.5774	0.0055	0.2410
全国	0.2883	0.1803	0.0877

从全国层面来看，氮、磷、钾肥中对油菜增产效果的大小顺序依次为氮肥>磷肥>钾肥。其中氮肥的产出弹性为0.2883，磷肥为0.1803，钾肥为0.0877，唐金花（2013）基于田间试验数据分析得出，在氮、磷、钾三要素中，氮肥是冬油菜产量的第一限制因素，其次是磷，再次为钾，因此这种结果与化肥的化学作用效果具有一致性。进一步分省份分别计算出油菜生产过程中的氮、磷、钾肥的边际产出弹性，发现各省的氮、磷、钾肥产出弹性值有所差异，其中氮肥产出弹性最大的是浙江为0.5774，最低的是贵州为0.0770；磷肥最高的是江西为0.3164，

最低的是浙江为 0.0055；钾肥产出弹性最高的是浙江为 0.2410，最低的是贵州为 0.0061。

3.4.3 要素替代弹性的测算

从全国层面来看，氮肥与磷肥的替代弹性系数为-0.0588，说明氮肥和磷肥的投入值之间存在一种互补关系，磷肥与钾肥的替代弹性系数为 0.1209，氮肥和钾肥的替代弹性系数为 0.2810（见表 3-3），说明磷肥与钾肥、氮肥与钾肥之间则存在一定替代关系，进一步分析各省份的数据，可以发现氮肥—磷肥的相互作用效果大小并不具有一致性，其中各省份磷肥—钾肥、氮肥—钾肥的替代弹性系数表现出高度的一致性，因此从数值上反映了磷肥—钾肥、氮肥—钾肥之间的交互效应关系十分稳定，因此氮、磷、钾肥之间交互关系仍然表现出一致性，只是在作用大小上存在一定差异，需要加以说明的是，本部分所指的互补以及替代关系，并非是简单地表示各种化肥投入之间的关系，而是指各种化肥投入最终对油菜产值的影响关系。由于试验过程中是严格按照试验流程进行的，基本可以排除种植方式差异所带来结果的差异性。

表 3-3　氮、磷、钾肥之间的替代弹性

省份	氮肥—磷肥	磷肥—钾肥	氮肥—钾肥
贵州	-1.1496	0.2310	0.1300
四川	-0.4077	0.7998	0.2250
重庆	-0.1756	-0.2538	0.1851
陕西	0.0056	0.2163	0.2237
湖北	-0.2533	0.0406	0.2858
湖南	0.7860	0.2426	0.3206
江西	0.3145	-0.5240	0.2738
安徽	0.0254	0.1758	0.3278
江苏	-0.0101	0.0527	0.4206
浙江	0.2769	0.2280	0.4181

续表

省份	氮肥—磷肥	磷肥—钾肥	氮肥—钾肥
全国	−0.0588	0.1209	0.2810

3.4.4　最优施肥结构的测算

根据超越对数函数生产模型以及 1722 份试验数据可以算出油菜产值最大化的氮、磷、钾肥投入值。用超越对数生产函数分别对氮、磷、钾肥的对数进行求导，具体计算如下：

$$\frac{dlnY}{dlnN}=\beta_N+2\beta_{NN}lnN_i+\beta_{NP}lnP_i+\beta_{NK}lnK_i=0 \tag{3-8}$$

$$\frac{dlnY}{dlnP}=\beta_P+2\beta_{PP}lnP_i+\beta_{PK}lnK_i+\beta_{PN}lnN_i=0 \tag{3-9}$$

$$\frac{dlnY}{dlnK}=\beta_K+2\beta_{KK}lnP_i+\beta_{PK}lnP_i+\beta_{KN}lnN_i=0 \tag{3-10}$$

得出：

$$lnN=-\frac{\beta_N+\beta_{NP}lnP+\beta_{NK}lnK}{2\beta_{NN}} \tag{3-11}$$

$$lnP=-\frac{\beta_P+\beta_{NP}lnN+\beta_{PK}lnK}{2\beta_{PP}} \tag{3-12}$$

$$lnK=-\frac{\beta_K+\beta_{NK}lnN+\beta_{PK}lnP}{2\beta_{KK}} \tag{3-13}$$

进一步运用超越对数生产函数，将函数分别对氮、磷、钾肥投入值的对数形式进行一阶求导，并计算出一阶导数为零时的氮、磷、钾肥数值解，可以得出氮、磷、钾肥的对数表示形式，将试验的数据资料代入并借用 Stata 软件进行计算，最佳氮肥投入值为 951.20 元/公顷，最佳磷肥投入值为 3766.08 元/公顷，最佳钾肥投入值为 621.32 元/公顷（见表 3-4），从各省份的最优投入结构来看，省份之间的氮、磷、钾肥投入最优值的变异性相对较小。

表3-4　氮、磷、钾肥的最优投入结构　　　　单位：元/公顷

省份	氮肥最优值	磷肥最优值	钾肥最优值
贵州	1026.33	3521.44	608.55
四川	989.06	3662.47	616.50
重庆	1006.54	3623.38	593.65
陕西	923.54	3579.30	636.68
湖北	961.76	3755.25	622.65
湖南	931.20	3805.11	633.02
江西	1036.24	3859.66	581.83
安徽	921.62	3811.78	628.76
江苏	909.10	4071.59	626.58
浙江	806.63	3970.77	664.99
全国	951.20	3766.08	621.32

3.5　对策建议与不足

　　本章基于1722份田间试验数据，运用超越对数生产函数模型，测算出了油菜生产中各种化肥要素投入的产出弹性和要素替代弹性，研究发现氮、磷、钾肥的投入对油菜产出值的作用大小存在一定差异，对油菜产出值的影响大小关系为氮肥>磷肥>钾肥，此外，在探究各种要素的交互作用时，可以发现各种要素对油菜产量的影响并不是相互独立的，而是存在一种替代或者互补的关系，并测算出使油菜产值最大的化肥要素投入结构，以期为指导农民进行科学施肥提供参考依据。

　　实证分析结果显示各省份之间氮、磷、钾肥的产出弹性、交互关系以及最优投入结构并不相同，即肥料投入对油菜生产影响的效果在不同省份之间存有差

异，由此可见，各地区应因地制宜地制定出相应施肥结构，其主要科学依据则是通过测土配方施肥试验得出该地区最优的施肥结构，并且一定要基于大量的科学试验。从以上分析结果可以看出，即使是按照严格的试验流程来操作，肥料对油菜产值影响也不尽相同，这也说明测土配方并非只是简单测量土壤肥力的过程，当然土壤养分含量的测试是测土配方施肥实施的基础，只有快速、准确地测定出土壤养分的含量，才能进行正确的施肥指导，但实际上测土配方施肥是一项庞大且复杂的系统工程，首先要对本地区土壤养分进行具体测度，了解土壤的肥力状况；其次要结合试验结果进行配方施肥，探究出不同地区农作物对配方施肥的反应情况，这一环节则是以实际实验结果为重要依据；最后以理论与实践为双重指导原则，才能较为科学地发挥配方施肥实际效果。

　　基于上述的研究结果，建议引导农民进行科学施肥，合理调整施肥配方。由于农民在油菜生产等农业活动中受限于信息的获取渠道，未能较为全面了解最新的化肥功效，而且农资销售人员往往具有"趋利性"，通常情况下会推荐农民过量使用化肥以获取更高的利润，对农民的施肥行为产生误导，导致农民施肥的不合理性，此外，普通农民对新技术的学习能力十分有限，尤其是在一些偏远山区和丘陵地区，这些地区农业生产规模较小、农民综合素质相对不高，对新的种植方式和新农艺方面缺乏了解动力和途径，若简单从"量"的配方来宣传，实际效果将十分有限，而且农民往往会忽视其过量施肥行为给自然环境所带来的负外部效应，因此，一方面要科学宣传化肥实际效能方面的基本常识，纠正农民过量施肥的盲目行为，进而减少不必要的资源浪费以及不合理的生产行为可能带来环境污染等方面问题，将花费投入以具体的"经济账"形式来引导农民科学生产，以具体投入值来激发农民理性生产是更为切实有效的方式；另一方面要合理制定配方比例，在基于大量田间试验的基础上，以经济学分析为指导，以实现农民的油菜种植收益最大化为目的进行配方施肥，根据各地区的化肥产出弹性、化肥价格情况以及油菜籽价格情况来确定化肥的投入值以及投入结构，以更为直观和间接的方式宣传测土配方施肥的作用效果以及具体的实施方案，在化肥投入方面，将量的配方转换成"投入值"的配方，此外，还要充分考虑各地区在油菜生产中的劳动力投入习惯、气候资源环境以及土壤肥力方面的差异，最终形成以产值为导向的测土配方施肥方案。

当然，本章尚存在一点不足之处，即在测算氮、磷、钾肥的投入值时，未能将各省份之间化肥价格的差异性纳入考虑范围，各地区由于交通条件限制以及化肥销售渠道的差异会造成一定市场隔离，从而导致各地农民购买化肥的价格存在差异，即使在相同的化肥投入结构下，化肥的投入值也会有所不同，但目前对于这一数据的获取存在一定难度。由于本章的数据是源于课题组的统一试验，能够有效地控制这一变量可能带来的影响。

第4章 中国化肥投入对油菜成本效率的影响

4.1 引言

化肥是现代农业生产中的重要投入要素，堪称是农作物的"粮食"。当前，中国已成为全球最大的化肥生产国及消费国（张富锁，2008），2015年统计数据显示，中国仅用全球7%的耕地生产出占全球21%的粮食，但与此同时，中国农业生产的化肥消耗量高达全球消耗量的35%，平均化肥用量高达330千克/公顷，远超世界同期平均水平120千克/公顷，单产却低于欧美等国家，由此可见，中国农业生产的化肥投入产出效率十分低下。化肥使用效率低下具体表现为整体过量和结构不合理，其原因有两点：一是农民的养分管理水平较低，二是农村劳动力转移抬高了农村劳动力成本，促使农民增加化肥投入并减少劳动力投入，从而导致化肥的过量使用（张富锁，2008），全国至少有1/3的农户氮肥施肥过量（张智峰等，2008）。化肥过量投入带来了诸多的负面影响，造成了严重的农业面源污染以及水环境污染问题（洪传春等，2015；张郁等，2013）。近年来，虽然我国化肥投入结构逐渐趋于合理，理论上而言这一改进应当促使化肥投入数量降低，但事实并非如此，这意味着化肥投入仍具备较大改善空间（张智峰等，2008）。

如何合理使用化肥，首先需要明晰化肥投入对农作物单产的影响机制，回顾已有相关研究，大致可归纳为农学、生态学以及经济学三个方面：第一，基于农学视角是以产量最大化为生产目标，以田间试验数据为基础，测算出农作物产量最大时化肥的最佳投入结构（杨俐苹，2011）。第二，基于生态学视角认为化肥在给土地增加肥力的同时也会带来诸如环境污染的负外部性成本（周生贤等，2006；Blakel，1994；张永强等，2018），在农户的化肥投入决策中，未能对外部性成本加以考虑，扭曲了化肥投入的实际盈亏平衡点。第三，基于经济学视角则认为最佳施肥量应以农户产值最大化为目标，已有文献基于经济学视角展开研究并得出了一些可靠的结论，如仇焕广等（2014）通过构建经济计量模型，得出四川玉米种植农户施肥过量的结论。但此类研究多数是基于问卷调查数据或者宏观统计数据，以田间试验数据为基础并基于经济学视角的研究十分少见。

一直以来，促进农民增收始终是我国农业经济政策制定的主要出发点与根本目标，对此，不少学者着眼于如何提升农作物的产量。然而在农业生产资料价格不断上涨和农产品价格起伏不定的背景下，农业的投入值以及产出值波动较大，导致农作物产量最大化与农户经济效益最大化并不具有完全一致性。也就是说，农作物产量最大化未必能有效地促进农民增收，且"谷贱伤农"的现象屡见不鲜。化肥是农业生产的重要投入要素，是构成农业物质成本的重要组成部分，2004～2017 年化肥投入占物质费用的比例始终在38%以上，优化化肥投入结构可在既定产量下有效降低生产成本，即提高农作物生产的成本效率（王建华，2011），进而达到促进农民收入增长的目的。为研究化肥投入对油菜成本效率的影响，本章研究结构安排如下：首先采用超越对数生产函数模型，并借用测土配方施肥大田试验数据，测度出油菜最佳的氮、磷、钾施肥比例；其次将最优施肥结构与各省份油菜生产的实际施肥进行对比分析，测算油菜生产的实际施肥与最优施肥之间的偏离程度；最后研究氮、磷、钾肥的施肥结构偏离度对油菜成本效率的影响，结合实证分析结果与实际情况，对今后我国油菜生产包括农业生产中的化肥投入提出政策建议。

4.2　数据来源与研究方法

4.2.1　数据来源

本章田间试验数据来自华中农业大学资源与环境学院作物养分管理课题组，课题组于 2005~2009 年在我国 10 个油菜主产省份进行投入产出试验，收集样本1722 份，此数据主要用于测度油菜生产的最优施肥结构，所测得施肥结构在一定时期内具有适用性，本章采用 2004~2015 年的宏观统计数据展开研究，与试验数据的时间重合程度相对较高，足以支撑本章对核心问题的研究。此外，为达到样本中数据分布均衡的目的，剔除样本中氮、磷、钾其中有一项投入为 0 值的样本数据。由于在大田试验中经常通过控制某些变量处于一种极端值的状态，探究农作物的反应机理，但考虑到农户实际生产中出现此种状况的可能性极小，因此本章对此类样本作删除处理，共计删除 179 份样本数据，最后剩余样本 1543份。书中氮、磷、钾肥指的是 N、P_2O_5 以及 K_2O，根据《全国农产品成本收益资料汇编》中肥料的投入值以及投入量，折算出尿素、过磷酸钙以及氯化钾的当期价格，进一步按照尿素含 N 比例为 46%，过磷酸钙含 P_2O_5 比例为 12%，氯化钾含 K_2O 比例为 60%，将 N、P_2O_5 以及 K_2O 折算为数值，将油菜籽产量折算为产值。

本章中的成本效率模型所涉及的指标数据来自《全国农产品成本收益资料汇编》（2005～2016 年）、《中国农村统计年鉴》（2005～2016 年）以及《中国统计年鉴》（2005～2016 年）。研究对象的数据类型为面板数据，研究时间为 2004～2015 年，这主要考虑到从 2004 年我国开始实行测土配方施肥补贴政策。根据微观数据的分布情况，本章选取贵州、四川、重庆、陕西、湖北、湖南、江西、安徽、江苏、浙江 10 个省份为研究对象。结合成本效率模型设定需要，选取油菜生产方面相关指标分别有：平均总成本、单位面积产量、劳动力价格、种子价格、农药价格、化肥价格、机械费用、土地价格、油菜播种面积，其中油菜生产总成本、土地成本，以 2004 年为基期采用农业生产资料价格指数对上述指标进行平减。

4.2.2 超越对数生产函数模型设定

超越对数生产函数（Translog Production Function）（Coelli，1996）这种可变替代弹性生产函数，能测算出油菜产量最大时氮、磷、钾肥的施肥结构，本章设置的生产函数模型具体如下：

$$\ln Y_i = \beta_0 + \beta_n \ln N_i + \beta_p \ln P_i + \beta_k \ln K_i + \beta_{nn}(\ln N_i)^2 + \beta_{pp}(\ln P_i)^2 + \beta_{kk}(\ln K_i)^2 + \beta_{np} \ln N_i \times$$
$$\ln P_i + \beta_{pk} \ln P_i \times \ln K_i + \beta_{nk} \ln N_i \times \ln K_i + u \qquad (4-1)$$

其中，Y_i 表示油菜籽产值，i 表示不同的样本，N、P 和 K 分别表示油菜生产过程中所投入的氮、磷、钾肥的数值大小，其核算单位原本均为千克/公顷，lnN、lnP 和 lnK 是由 N、P 和 K 分别取对数所得，本章根据模型需要对各项指标的量纲进行标准化处理；β 表示模型中各变量所对应的待估系数；u 表示随机扰动项。

4.2.3 随机前沿成本函数模型

为探究油菜施肥对成本效率的影响，本章借用随机前沿成本函数模型进行测算，模型以 C-D 成本函数形式表达为：

$$s_{it}c_{it} = \sum_{j=1}^{5} P_{jit}s_{it}q_{it} + v_{it} + \mu_{it} \tag{4-2}$$

$$\ln s_{it}c_{it} = \beta_0 + \sum_{j=1}^{5} \beta_j \ln P_{jit} + \varphi \ln(s_{it}q_{it}) + \gamma t + v_{it} + \mu_{it} \tag{4-3}$$

$$\ln C_{it} = \beta_0 + \sum_{j=1}^{5} \beta_j \ln P_{jit} + \varphi \ln Q_{it} + \gamma t + v_{it} + \mu_{it} \tag{4-4}$$

其中，c_{it} 表示单位面积的油菜生产成本；s_{it} 表示播种面积；C_{it} 表示油菜生产总成本；P_{jit} 分别表示油菜生产中投入的机械作业、劳动力、种子、化肥、农药和土地的价格，j 表示不同类型的要素（j=1，2，…，6）；q_{it} 为单位面积油菜产量；Q_{it} 表示油菜总产量；t 表示时间趋势变量以反映技术进步；β、φ、γ 表示待估参数；随机干扰项 $\varepsilon_{it} = v_{it} + \mu_{it}$；$v_{it}$ 表示一般随机误差项；μ_{it} 表示成本无效率项；i 表示省份；t 表示年份。

随机前沿成本函数满足约束条件：

$$\sum_{j=1}^{n} \beta_j = 1 \tag{4-5}$$

将约束条件式（4-5）代入模型式（4-4）得到齐次约束条件下的前沿成本函数：

$$\ln(C_{it}/P_{6it}) = \beta_0 + \sum_{j=1}^{4} \beta_j \ln(P_{jit}/P_{6it}) + \varphi \ln Q_{it} + \gamma t + v_{it} + \mu_{it} \tag{4-6}$$

参照已有文献，模型设定影响油菜成本效率的控制变量有以下几种，农民收入水平：该指标以不变价格的农村居民家庭人均纯收入表示，农民收入高的农户对成本节约型技术使用程度也越高，对于农业生产以外的投资也越多，故而农民收入对成本效率的影响具有不确定性（孙玮，2018）；油菜种植规模：采用农户家庭平均油菜播种面积表示，预期油菜种植规模对油菜成本效率有负向影响，这是由于规模扩大以后，农户更加重视油菜产出和收入的增长，从而忽视了投入成本的扩大（李然，2010）；受教育程度：由各级文化程度人口比重与该级受教育年限系数加权得出受教育程度，受教育程度越高，农户自身利用技术的能力也越强，其越可能接受和使用优质高效化肥或者更早采纳先进的施肥技术（栾江等，2013），李然（2010）以油菜为例，对此观点也进行了佐证；成灾率：是指成灾面积占该年所有农作物播种面积比例，自然灾害增多时农户会通过投入更多生产要素来弥补灾害的负面效应（张锋，2011）；灌溉率：有效灌溉面积占该年所有农作物播种面积比例，反映各地区农业水利基础设施状况，有效的灌溉率有利于解决油菜生产过程中的用水问题（赵红雷等，2011；冯颖等，2012）；商品率：是指每公顷油菜主产品出售数量占主产品产量的比例，农户对于油菜种植的用途会显著地影响农户生产决策，通常情况下，对于种植油菜用于商品销售的农户而言，农业生产成本的核算意识必然会强于自给自足这一类型的农户（李然，2010）。

4.3　模型估计结果及分析

4.3.1　最优施肥结构测算

借用超越对数生产函数模型，采用油菜生产中化肥投入产出的大田试验数据，借助 Stata15 软件运行模型得出结果，如表 4-1 所示。

表 4-1　超越对数生产函数参数估计结果

变量	参数估计值	变量	参数估计值
lnN	-3.953^{**} （1.687）	$(\ln K)^2$	0.157^{***} （0.051）
lnP	3.686^{***} （1.095）	$\ln N \times \ln P$	0.175 （0.132）

续表

变量	参数估计值	变量	参数估计值
lnK	−1.528*	lnN×lnK	−0.028
	(0.853)		(0.143)
$(lnN)^2$	0.207	lnP×lnK	−0.033
	(0.136)		(0.074)
$(lnP)^2$	−0.291***	Constant	12.230*
	(0.058)		(6.406)
Observations	1543.000		
R-squared	0.177		

注：***、**和*分别表示1%、5%和10%的显著性水平。

我们进一步根据超越对数生产函数模型，分别对氮、磷、钾肥的投入值的对数求一阶导数，令公式一阶导数为零，便可以得出氮、磷、钾肥的对数表示形式，计算如下：

$$lnN = -\frac{\beta_N + \beta_{NP} lnP + \beta_{NK} lnK}{2\beta_{NN}} \tag{4-7}$$

$$lnP = -\frac{\beta_P + \beta_{NP} lnN + \beta_{PK} lnK}{2\beta_{PP}} \tag{4-8}$$

$$lnK = -\frac{\beta_K + \beta_{NK} lnN + \beta_{PK} lnP}{2\beta_{KK}} \tag{4-9}$$

将试验数据进行代入，并采用计量软件测算，可以得出具体结果如表4-2所示。从表4-2中可以看出，各省份之间的氮、磷、钾肥的最优投入结构不尽相同，且差异较大。

表 4-2　氮、磷、钾肥的最优投入结构

省份	氮肥最优值	磷肥最优值	钾肥最优值
贵州	847.022	3320.237	562.212
四川	820.201	3480.012	577.104

续表

省份	氮肥最优值	磷肥最优值	钾肥最优值
重庆	862.312	3518.471	574.472
陕西	785.213	3500.412	591.274
湖北	802.434	3607.127	589.282
湖南	780.687	3665.935	597.714
江西	884.445	3709.002	580.072
安徽	784.777	3740.074	603.554
江苏	768.484	3980.431	617.582
浙江	705.297	4063.742	645.564
全国	807.795	3575.854	586.995

4.3.2 氮、磷、钾肥投入结构偏离度测算

分别统计本章中所涉及的 10 个省份在 2004～2015 年油菜生产中的氮肥、磷肥以及钾肥投入值。并将氮、磷、钾肥的投入数据，按照尿素含 N 比例为 46%，过磷酸钙含 P_2O_5 比例为 12%，氯化钾含 K_2O 比例为 60% 的比例，分别折算成量纲相一致的数据，结果如表4-3所示。从表4-3中可以看出，各省份之间的油菜生产氮、磷、钾肥投入结构具有差异性，这种差异可能与地区之间的土壤肥力、气候资源环境以及农户的施肥习惯等因素有关。

表4-3　2004～2015年各省份油菜生产氮、磷、钾肥投入

省份	氮肥	磷肥	钾肥
贵州	537.527	260.787	93.667
四川	697.445	235.565	158.281
重庆	465.902	139.084	35.762
陕西	816.802	304.287	166.594
湖北	643.875	264.265	197.882
湖南	481.934	192.222	99.984
江西	503.634	242.197	220.081

续表

省份	氮肥	磷肥	钾肥
安徽	784.362	251.257	199.042
江苏	945.712	274.301	225.632
浙江	1010.683	327.217	158.952

结合前文所得出的各省份油菜生产最优施肥结构，按照以下计算公式：施肥结构偏离度 =（实际化肥使用量/最优化肥使用量−1）×100%（向平安等，2006），根据以上数据，可测得油菜施肥结构偏离度，结果如表 4-4 所示。

表 4-4　2004~2015 年各省油菜生产氮、磷、钾肥投入偏离度

省份	氮肥	磷肥	钾肥
贵州	0.379	−0.345	−0.722
四川	0.848	−0.435	−0.542
重庆	0.234	−0.666	−0.896
陕西	1.261	−0.275	−0.530
湖北	0.744	−0.389	−0.440
湖南	0.342	−0.563	−0.721
江西	0.237	−0.455	−0.367
安徽	1.172	−0.440	−0.450
江苏	1.675	−0.425	−0.391
浙江	2.115	−0.328	−0.589

由表 4-4 可见，以上 10 个省份的油菜氮肥投入均存在明显过量，只是过量程度有所不同，其中浙江、江苏、陕西的氮肥过量投入最明显，这三省的氮肥施肥结构偏离度指数分别达 2.115、1.675 和 1.261。不同地区之间的差异也较大，最大是浙江的 2.115，最小是重庆的 0.234。相反，磷肥和钾肥的投入则显得有些相对不足，氮、磷、钾肥的施肥结构尚有较大改进空间。基于上述分析，本章初步作出如下假说：如果通过减少氮肥的投入以及增加磷肥与钾肥的投入，是否可以降低油菜生产成本从而提高化肥的成本效率。下文将对此假说展开进一步讨

论，并尝试基于实证研究结果对此作出科学回答及解释。

4.3.3 油菜生产的成本效率测算

从前文测算得出的氮、磷、钾肥投入结构偏离度指数值来看，只能初步说明化肥投入结构存在着明显的不合理性，并不能得出施肥结构对油菜生产的具体影响，更不能推断出两者之间是否具有因果关系。本部分借用随机前沿成本函数模型，测算出油菜的成本效率，将油菜的成本效率值与氮、磷、钾施肥结构偏离度进行回归分析，试图进一步探究油菜的氮、磷、钾肥施肥结构偏离度对油菜成本效率的影响。对模型中所涉及的变量进行描述性统计，具体如表4-5所示。

表4-5　变量描述性统计分析

函数	变量	均值	标准差	最小值	最大值
前沿成本函数	单位面积生产成本（元/公顷）	5788.065	1979.565	3119.715	11617.830
	机械价格（元/公顷）	608.580	383.580	45.062	1568.430
	劳动力价格（元/日/人）	38.453	23.552	13.702	79.042
	种子价格（元/千克）	54.175	31.211	2.431	125.000
	化肥价格（元/千克）	71.655	13.680	43.980	97.530
	农药价格（元/公顷）	10.231	5.442	3.072	22.431
	土地价格（元/公顷）	1101.810	590.415	262.815	3270.360
	油菜单产（千克/公顷）	2021.055	368.910	1149.321	3042.480
	播种面积（万公顷）	57.138	35.260	12.233	131.758
成本无效率函数	受教育程度（年）	8.052	0.470	6.450	8.840
	农村居民收入（元/年）	6400.700	3656.080	1721.550	21125.000
	成灾率	0.216	0.120	0.007	0.592
	灌溉率	0.301	0.125	0.106	0.632
	商品率	0.775	10.960	0.397	1.000
	氮肥偏离度	0.901	0.679	0.234	2.115
	磷肥偏离度	-0.432	0.088	-0.666	-0.275
	钾肥偏离度	-0.565	0.136	-0.896	-0.367

4.3.4　成本效率估算及影响因素分析

成本效率函数模型中的误差项由随机干扰项和无效率项组成，在随机前沿成本模型中，成本无效率项 $EFF_{it} = \exp^{u_{it}}$ 服从在 0 处截断均值为 m_{it}、方差为 δ_u^2 的半正态分布，将其均值表示为：

$$\mu_{it} = \delta_0 + \sum_{j=1}^{n} \delta_i z_{jit} + \varepsilon_{it} \tag{4-10}$$

式（4-10）为成本无效率模型，用于评估影响无效率程度的一些因素。式（4-10）中，z_{jit} 表示为可能影响到成本非效率项 μ_{it} 的一些因素，j 表示不同的因素，i 表示不同省份，t 表示不同年份；δ 表示待估参数；ε_{it} 服从在 0 处截断的 N $(0, \delta_u^2)$ 的半正态分布。

实际上，导致油菜生产的成本无效率因素有很多，如各地区农户受教育程度、灌溉状况等，由于本章的研究问题仅限于氮、磷、钾肥的偏离程度对成本效率的影响，将其他可能影响到成本效率的变量设置为控制变量。

4.3.4.1　各省油菜生产的成本效率值

从理论上讲，成本效率（CE_i）反映的是最小成本与实际成本的比率。Coelli（1996）指出运用随机成本函数估计得到成本无效率指标值为 $\exp(-u_{it})$，$\exp(-u_{it})$ 介于 $[0, 1]$，$\exp(-u_{it})$ 值越大，则表示样本 i 在第 t 期越有效率。成本无效率指标值（EFF_i）和成本效率指标值（$CEFF_i$，亦为 CE_i）两者之间的关系可以表述为：$CEFF_i$（CE_i）= $1/EFF_i$，$CE_i < 1$ 表示样本存在非效率状况，$CE_i = 1$ 表示样本成本效率有效，为了让结果更容易呈现，本章均以成本效率指标来代替成本无效率指标（赵红雷等，2011）。按照上述方法测算出我国油菜主产区的成本效率，如表 4-6 所示。

表 4-6　2004~2015 年油菜生产的成本效率

年份	安徽	重庆	贵州	湖北	湖南	江苏	江西	陕西	四川	浙江
2004	0.591	0.4252	0.512	0.537	0.775	0.595	0.652	0.562	0.491	0.618

续表

年份	安徽	重庆	贵州	湖北	湖南	江苏	江西	陕西	四川	浙江
2005	0.561	0.364	0.474	0.572	0.664	0.751	0.581	0.614	0.482	0.620
2006	0.601	0.411	0.481	0.562	0.562	0.792	0.694	0.597	0.545	0.706
2007	0.544	0.411	0.502	0.528	0.562	0.781	0.564	0.641	0.524	0.717
2008	0.522	0.411	0.542	0.613	0.643	0.723	0.709	0.577	0.481	0.686
2009	0.585	0.472	0.472	0.568	0.602	0.671	0.683	0.622	0.504	0.738
2010	0.861	0.737	0.524	0.623	0.611	0.844	0.533	0.641	0.600	0.906
2011	0.834	0.657	0.482	0.596	0.614	0.897	0.492	0.598	0.581	0.808
2012	0.672	0.657	0.471	0.588	0.686	0.801	0.501	0.542	0.531	0.780
2013	0.685	0.605	0.491	0.555	0.614	0.861	0.544	0.534	0.553	0.776
2014	0.884	0.614	0.552	0.631	0.682	1.004	0.60	0.622	0.531	0.967
2015	1.000	0.671	0.552	0.700	0.711	1.004	0.655	0.611	0.543	0.941

表4-6中所呈现的是10个省份在2004~2015年油菜成本效率状况，不难发现，油菜生产的成本效率普遍偏低，具有较大的改善空间，其中安徽、江苏以及浙江的成本效率呈现出逐年攀升趋势，同样也是本章研究的省份中成本效率相对较高的省份。

4.3.4.2 油菜生产成本效率的影响因素

根据成本效率模型，将各个可能影响油菜成本效率的因素与成本效率值进行回归，结果如表4-7所示。

表4-7 随机前沿成本函数参数估计结果

函数	变量	参数	估计系数	标准误	Z统计量
前沿成本函数	机械价格（元/公顷）	β_1	0.103**	0.042	2.451
	劳动力价格（元/日/人）	β_2	-0.043	0.058	-0.731
	种子价格（元/千克）	β_3	-0.098**	0.046	-2.145
	化肥价格（元/千克）	β_4	1.057***	0.101	10.421
	农药价格（元/公顷）	β_5	-0.294**	0.051	-5.762
	油菜产量（万吨）	β_6	0.566***	0.159	3.571

续表

函数	变量	参数	估计系数	标准误	Z 统计量
前沿成本函数	受教育程度（年）	δ_1	-0.151*	0.087	-1.742
	农村居民收入（元/年）	δ_2	0.082**	0.031	2.625
	成灾率	δ_3	-0.127*	0.074	-1.721
	灌溉率	δ_4	0.396***	0.108	3.662
	商品率	δ_5	0.014	0.094	0.155
	氮肥偏离度	δ_6	-0.864***	0.325	-2.665
	磷肥偏离度	δ_7	1.888*	1.127	1.687
	钾肥偏离度	δ_8	-0.141	1.269	-0.117
	氮肥偏离度×平均受教育程度	δ_9	0.111***	0.039	2.855
	磷肥偏离度×平均受教育程度	δ_{10}	-0.272*	0.145	-1.874
	钾肥偏离度×平均受教育程度	δ_{11}	0.941	0.678	1.390

注：***、**和*分别表示1%、5%和10%的显著性水平。

从表4-7的结果中可以发现，氮肥及磷肥投入的结构偏离度分别在1%和10%的水平显著性影响油菜成本效率。其中氮肥投入结构偏离度系数为-0.864，表明氮肥投入结构偏离度对油菜成本效率的影响方向为负向，结合表4-7所呈现的结果，氮肥的投入施肥结构偏离度系数为正，即油菜生产的氮肥投入均存在过量，对于氮肥投入结构偏离度对油菜成本效率影响方向为负的结果，本章认为与实际情况是相符的，表明氮肥的过量投入降低了油菜成本效率，有相当部分氮肥投入增加了生产成本，但是对油菜的增产并无任何显著正向作用；其中磷肥投入结构偏离度系数为正，从表4-7中可知，磷肥投入结构偏离度为负，本章对此结果作出如下解释：当提高磷肥结构偏离度数值时，即降低磷肥投入结构偏离度，可以矫正磷肥投入的不合理，进而达到提高油菜生产的成本效率。

4.4 结论与政策建议

4.4.1 结论

本章利用1543份田间试验材料数据，采用超越对数生产函数模型，测算出10个省份油菜生产的最优施肥结构，按照最优施肥结构对该10省份在油菜生产中的实际施肥结构偏离度进行测算，进一步采用超越对数成本函数模型测算出成本效率，重点研究施肥结构偏离度对成本效率的影响。当前，我国农村劳动力呈现出老龄化及女性化的基本特征，农村农业劳动力缺失导致农民在农业经营管理方面相比于传统"精耕细作"的模式更为粗放，使农户更加倾向于以增加化肥、机械等资本要素来替代劳动力投入。在现代农业发展模式中，化肥要素投入是油菜生产成本的重要构成部分，化肥的投入会显著影响油菜成本。本章研究得出结论如下：

不合理的施肥方式对油菜生产成本效率有显著负向影响，结果显示氮、磷、钾肥的施肥结构与最优施肥结构的偏离度越大，油菜生产的成本效率就越低，说明不合理的施肥方式对油菜生产成本效率有显著负向影响。

不同地区之间的最优施肥结构存在差异，无论是从比例还是从具体氮、磷、钾肥投入值来看，地区之间的差异都十分明显。

4.4.2 政策建议

4.4.2.1 加大技术应用补贴力度

测土配方施肥是一种充分利用资本要素的生产技术，虽然能有效降低油菜种植成本以及减少农业面源污染，但大多数农民对其益处及使用方法了解十分有限，加之测土配方施肥技术需要多次施肥，大部分农民认为这样需要投入更多的劳动力，因此农户采用测土配方施肥技术的积极性不高，可以考虑通过增加相关补贴以调动农户采纳该项技术的积极性，以促进该项技术广泛应用。

4.4.2.2　因地制宜推进测土配方施肥

从本章的研究结论可以看出，各省份之间在土壤、气候以及经济发展水平等方面差异较大，导致土壤肥力以及农户施肥习惯存在差异。因此，应结合区域整体特征指导测土配方施肥工程项目推进，以提高施肥指导的针对性和适用性。

第5章 中国食用植物油市场的 "劣币驱逐良币"

2015年油菜临时收储政策取消之后，短期内对我国油菜产业发展带来一定的负面影响，但在当时，在我国西南地区，油菜产业发展向好的势头却丝毫未减，研究发现，这主要得益于小型榨油作坊对菜籽油价格的稳定功能，解决了市场信息不对称对食用植物油市场的扭曲，保障了产业链中利益的合理分配，从而稳定了油菜产业的发展。为进一步明晰我国农业生产中由信息不对称所引发的农产品市场扭曲问题，本章以油菜产业为例，以消费者对菜籽油的购买行为研究视角，通过剖析油菜籽生产者、加工者以及消费者之间的博弈关系，尝试为破解当前油菜发展困境寻找一些可行路径。我们的研究表明，消费者由于信息不完全对食用油的"逆向选择"，引发加工者生产劣质油的"道德风险"，打破了油菜产业链中的利益分配机制。基于分析结论，我们提出以下几点建议，加强对油料加工行业的管理，规范油料产品特征标识制度，积极宣传食用油营养知识，引导消费者科学合理食用植物油，从而完善油菜以及油料产业市场的利益分配机制，建立起健康可持续发展的油料产业发展模式。

5.1   前言

党的十九大报告首次提出我国社会主要矛盾已经转化为人民日益增长的美好生活需要和不平衡不充分的发展之间的矛盾,因此在农业现代化进程中,发展高质量的农业是中央对我国农业未来发展的重要战略定位。近年来,我国食用油安全问题频发,媒体频频爆出的"地沟油"事件一直令广大消费者心生忌惮,"地沟油"和劣质"勾兑油"大肆横行市场,严重威胁着公众消费安全,并且这些劣质油会逐步挤占优质油的市场份额,若长此以往,必然导致"劣币驱逐良币"的结局,从而威胁到人民群众的"油瓶子"安全。

当前,之所以会出现优质菜籽油遭受劣质油挤压的现象,一个重要原因就是消费者受限于其有限的辨别能力,在选择食用植物油时,其行为具有较大的盲目性。加之目前市场中不少企业极力宣传"1:1:1"调和油,虽然其产品广受消费者欢迎,但这种比例是否具有的科学性以及营养价值仍有待商榷。从已有研究来看,脂肪酸是油脂的主要成分,油脂质量优劣主要取决于脂肪酸的构成,且油脂脂肪酸的好坏则主要取决于其碳氢链饱和与否(熊秋芳等,2014),调和油中"1:1:1"的具体比例成分在产品中并未明确标识,消费者受认知限制以及企业宣传的误导,消费者面临着较大的信息不对称,对于生产劣质油的违法行为监管难度较大,关于部分产品虚假标识行为监管不力。统计资料显示,2010 年,我国平均消耗动植物总油量 2250 万吨,与食用油统计供给量存在 10% 的差值,即有 200 万~300 万吨的食用油来源不明(吴才武等,2014),这些来源不明的油脂不少以回收餐饮业的泔水油脂,经过简单处理重新返回餐桌的"地沟油",或以其他种类油脂进行"勾兑"而成,从事"地沟油"生产,利润率在 600% 左右

（黄佳妮等，2012）。在高额利润刺激之下，"地沟油"以及伪劣"勾兑油"可谓是屡禁不止，与其说是道德或者法律的约束问题，更深层次原因仍是经济问题。可以说，信息不对称是导致市场扭曲的主要原因，由于消费者对信息掌握不全，其需求在市场中传递不通畅，导致市场失灵以及市场扭曲，给保障"餐桌上的安全"带来巨大威胁。

油菜作为中国第一大油料作物，在我国食用植物油市场占有举足轻重的地位。2015年5月，国家决定取消油菜临时收储政策，随后，我国油菜籽市场价格迅速跌破种植成本，加之国内外油菜籽价格长期"倒挂"，大量的进口油菜籽涌入国内市场，国内油菜产业发展迅速转入低谷。正当国内油菜产业发展遭遇"寒冬"之际，我国西南地区（四川、重庆、贵州）油菜籽价格却表现十分平稳，产业发展毫无削减之势。我们通过深入西南地区进行调研，西南地区的小型榨油作坊（以下统称"小榨"）发展势头较好，并且此类"小榨"菜籽油的价格几乎是其他菜籽油价格的1.5倍，且销路甚好，这也是为何西南地区的油菜籽价格未出现下跌的主要原因。

对于如何壮大我国油料产业，不少学者进行了大量的探索，赵丽佳（2012）指出，要在种植生产环节提高油料产品的国际竞争力，在油料加工环节提高本土企业的竞争力，陈新华（2010）认为，应当建立必要的贸易救济策略，通过设置一些技术壁垒来缓解来自国际贸易方面的冲击，王汉中（2014）针对我国油料产业发展中的问题，基于生产层面系统性地提出了"三高五化"的发展策略，王瑞元（2019）指出，我国油脂行业经历了生产成本不断加大、产品价格低迷、经济效益不佳等考验，中小民营油脂加工企业同样存在着融资难、融资贵、经营困难等问题。以上文献比较系统地分析了我国油料产业存在的问题，并给出了一些切实可行的发展策略，但对我国食用植物油的分析多停留在生产和贸易层面，较少从消费层面展开讨论，事实上，消费者需求是决定产业发展的关键。"小榨"油之所以能够具备稳定油菜产业的作用，主要是源于旺盛的消费需求对产业价值潜力的挖掘作用,因此,有必要从消费这一角度来分析我国油料产业的发展问题,事实也表明,这一"西南现象"在我国其他油菜主产区也广泛存在,消费者对"小榨"油的需求在油菜主产区十分普遍,那么这能否成为油菜产业的新出路。为此,本章试图探寻背后的理论逻辑,尝试为促进我国油料产业健康发展提供一定借鉴与支撑。

5.2　油菜产业经营主体的行为分析

需求是决定产品价格的关键因素,"小榨"油之所以能卖出较高价格得益于其市场需求的特殊性。一方面"小榨"油独特的浓香味深受消费者喜爱;另一方面由于其消费群体多为本地居民,其开放式作业所具有的较高透明度,提高了产品质量可信度以及被监督的可能性。通过对比"小榨"油和现代化工厂的菜籽油,可以发现,从本质上而言,其主要差别是消费者对产品信息掌握程度的差异。为此,我们从信息不对称的角度来分析这一现象,深入剖析油菜产业链中各主体利益协调机制。当前,人们对食品安全尤为关注,从事实来看,有效供给不足问题突出,这种供需矛盾所引发的市场扭曲,威胁着油菜产业市场健康有序发展,解决有效供给不足是破解这一问题的关键。生产供给受市场需求约束,市场需求对供给的影响是通过价格机制进行传导,因此,完善价格传导机制十分重要,健全的价格机制能够使生产者以及加工者均受益。基于此,本章主张通过构建"成本共担,利益共享"机制,解决菜籽油市场失灵的问题,协调好消费者、加工者以及生产者之间的利益分配。

5.2.1　消费者行为分析

新古典经济学将完全竞争市场视为一种最优的产业组织形式,这是由于市场处在完全竞争条件下，生产者会在最优效率规模点组织生产。完全竞争市场具备以下几点特征：市场中存在大量的生产者与消费者，生产者可自由进入及退出市场，且产品属性基本相似，因此绝大多数农产品市场属于完全竞争市场。

油菜籽加工后的主要产品是菜籽油，菜籽油市场中生产者与消费者众多，但由于菜籽油是一种深度加工农产品，在加工工艺和方法上的差异导致产品并非完全同质，菜籽油市场属于非完全竞争市场的主要特性。消费者对菜籽油的需求也存在差异，这主要受消费者口味偏好以及消费传统习惯影响，随着我国城镇化进程的不断推进，我国大、中型城市会集了各区域人口，城市人群的植物油消费结构呈现多元化特征，随着农产品流通市场更加自由化，我国食用植物油消费在区域之间的差异也在不断缩小，居民食用油的消费不再仅限于传统习惯，菜籽油的消费人群也更加多样化，所以菜籽油的消费群体同样具有广泛性。对所有食用油而言，包括菜籽油在内，依其表面特征难以辨别质量优劣，以致消费者处于信息不对称状态，因此在选择菜籽油消费时，只能进行"有限理性"的决策。

"经济人理性"假设是我们研究市场主体决策问题的基本假设，认为消费者的行为决策目的是实现效用最大化。消费者对菜籽油的消费选择性较广，收入水平的不同导致消费层次，决定消费者只能根据其消费水平选择价格合适且品质相对较好的食用油，最优的决策是每一单位的支出尽可能实现最大效用。但实际交易结果则是：多数消费者以低成本购买品质较差的食用油，所购买的产品"性价比"极低，与消费者的实际购买意愿相违背，市场的有效供给只是迎合消费者价格低的期望，但并不符合消费者优质的期望。

造成以上现象的成因主要有两方面：一方面，相当一部分的食用油实际购买者并非直接消费者，诸如在餐饮业中，近几年城市餐饮业发展比较快，外出就餐是一种十分普遍的行为，2016 年国内餐饮收入超过 3.5 万亿元，餐饮业的食用油消耗总量占整个食用植物油消费总量比例呈逐年上升趋势，餐饮业监管存有较大"盲区"，容易引发相关经营者的"道德风险"，那么餐饮业经营者在选择食用油时，为了降低其经营成本会选择价格相对低廉的食用油，甚至违法使用"地沟油"，完全不顾食用植物油的真实营养价值，诸如近些年国内屡次发生的"地沟油"事件，不仅危害着消费者的身体健康，而且也扰乱了菜籽油市场正常秩序；另一方面，多数消费者对食用油营养价值认知水平有限，普通消费者选择行为多受传统消费习惯或广告宣传影响，对如何科学食用植物油的知识缺乏认知，因此，消费者难以辨别菜籽油质量优劣。所以，在以上两种因素的长期作用之下，消费者在选择食用植物油时会出现"逆向选择"，菜籽油市场则表现为"劣币驱逐良币"，市场中菜籽油供给与需求的质量会同步下降。

5.2.2　加工者行为分析

加工者是生产者与消费者之间信息对接的"桥梁"。食用油质量受加工工艺以及加工设备的影响较大，加工环节则是决定菜籽油品质的重要环节之一，菜籽油加工分为冷榨和热榨两种方式①。研究表明，不同工艺对菜籽油挥发性风味成分影响显著，其中，经高温蒸炒、压榨获得的预榨毛油中油脂氧化产物及硫甙降解物的种类和数量明显高于浸出毛油、冷榨菜籽油、一级压榨油，而使菜籽油风味口感有所不同（杨湄等，2010）。我国油料加工企业按规模大小，可划分为大中型油企和"小榨"两类。大中型油料加工企业规模较大，一般采取冷榨的加工工艺，此类企业多数拥有自身品牌，加工能力强，一般通过收购油菜籽进行加工、分包销售，在销售模式上采取与超市"对接"进行批发销售，虽然销售量较大，但存在固定成本过高以及产能过剩的问题，加工利润仍不理想，2015～2017 年，国内油厂平均开机率仅有 17.1%，加工产能存在严重过剩，在参与市场竞争方面，国内大中型油企直面国际市场竞争压力，油菜籽原材料成本远高于国外，成本劣势十分突出，导致国内油企压榨亏损严重，2015 年至 2017 年 3 月

---

　　① 冷榨是指通过螺旋挤压机或者液压机榨取植物油脂，热榨是指油料经过炒锅炒熟之后再榨取植物油脂。

的平均压榨利润为-504.1元/吨,不少大型油料加工企业濒临破产或被迫转型;而另一类则是分布于各地农村的"小榨",自2015年油菜籽临时收储政策取消之后,全国绝大部分地区的油菜籽价格明显下跌,均价在2.0元/斤以下,部分地区跌至1.6元/斤,但在西南地区存在"小榨"区域油菜籽价格并未出现下跌,仍十分平稳,价格始终保持在2.2元/斤以上。

笔者通过调研发现,小型榨油作坊加工流程透明度相对较高,所采用原材料也多为本地供应,加工区域范围为当地附近村落或所在乡镇,菜籽油在本地销路相对较好,"小榨"通常在油料作物收获季节集中压榨,"小榨"的工作人员主要为家庭成员,在压榨繁忙期采取临时雇工以弥补人员不足,大多数经营者为兼业行为,在集中压榨期之外从事其他农业生产或非农工作,灵活机动的经营方式相对于大型加工企业具有明显成本优势,"小榨"的经营规模虽然不大,但在集中加工期间,同样也可以实现规模化经营,平均经营成本明显要低于大型油料加工企业。当然,"小榨"也存在诸多不足,例如在质量安全管理方面就显得相对薄弱,部分"小榨"的生产工艺和设备落后,出油率偏低,急需改造升级。

"小榨"菜籽油较高的市场认可度是其核心竞争力之所在,以加工储备为主营业务的精炼菜籽油企业转型"小榨",或许是油企危中求存的一条可行之路。虽然目前市面流通的食用植物油品种较多,然而在信息不对称的状况下,消费者难以辨别产品的好坏,在选择食用油时是一种有限理性,消费者的需求变化将引致市场供给的变化,消费者对菜籽油的"逆向选择"会引发油料加工者的"道德风险"。表面看似实现了油料加工者与消费者之间的均衡,但这种均衡并未实现整体利益最大化,且长此以往将导致市场严重扭曲,"小榨"的存在解决了市场中信息不对称的问题,消费者有意愿用高价得到优质的菜籽油,使生产者、加工者以及消费者均能受益,这才是油菜产业发展的长久之计。

5.2.3 生产者行为分析

2015年国家取消了油菜籽临时收储政策,自此便意味着农户层面的油菜籽价格保护政策不再实施，随后油菜籽市场价格迅速下跌，油菜种植比较效益严重下滑甚至濒临亏损，对油菜产业形成巨大冲击。在微观层面，严重挫伤了油农种植积极性；在中观层面，导致加工流通停滞、种质资源储备与研发萎缩等严峻形势；在宏观层面，全国油菜播种面积大幅缩减、进口激增，总而言之，油菜产业面临前所未有的困境与挑战。

种植成本高以及价格低是我国油菜产业面临的主要困境，也是我国多数农产品的"通病"，这与我国所选择的经营模式密切相关。自1978年以来，家庭联产承包责任制是我国农业的主要经营形式，大量研究表明，家庭联产承包责任制所带来的激励机制变化，使农业产出和生产力获得了巨大增长（lin，1992；Fan，1991；MacmillanJ，1989），但家庭经营模式限制了经营规模的扩大化，由此带来较高的平均生产成本对我国农业现代化形成较大约束。蔡昉（2016）指出，由于土地经营规模的制约，农业出现了资本报酬递减，土地细碎化降低了农业生产的规模经济效应，进而提高了农产品生产成本。

国内油菜生产成本要明显高于国外，加拿大是世界上油菜主产国，也是中国油菜籽主要进口来源国，以加拿大为例进行对比，2014年加拿大油菜生产成本为370.67元/亩，同期中国的油菜生产成本高达871.75元/亩，中国油菜生产成本为加拿大2.35倍。如此巨大的成本差异导致菜籽价格的差异，2016年进口油菜籽均价为2763.46元/吨，国产油菜籽均价为4119.73元/吨，国内外平均价差为1356.27元/吨，国内外油菜籽价格长期倒挂，使国外油菜籽大量涌入国内，降低了我国油菜籽自给率，冲击了国内油菜产业发展。此外，国内油菜生产的利润空间严重压缩，挫伤了农户油菜种植的积极性，对国内油菜产业发展形成了巨大威胁，其中人工成本推高了生产成本从而压低了生产利润，2004~2015年，油菜亩平均人工成本从147.06元上涨至547.42元，上涨幅度为272.24%，人工成本占油菜总成本的比重由49.8%增加至62.8%。在机械化作业方面，油菜远不及粮食作物，2016年我国油菜机收率为18.39%[①]，目前油菜生产使用人工的比例仍然较高，随着"刘易斯拐点"的到来，中国的"人口红利"逐步释放殆尽，人工成本过高成为制约我国农业发展的关键因素，随着城镇化大力推进，农村劳动力大量外出务工改变既定价格水平的劳动力供应量，从而造成农村劳动力市场上供应曲线向内移动，推动了农村劳动力成本上升（钟甫宁，2016），随着机械化研发技术不断创新，中国油菜生产的人工成本会有所下降，但人工成本过高仍是国内油菜产业发展中的"硬短板"，短期内无法有效降低生产成本，提高油菜生产种植收益唯有以提升油菜产品价值为切入点。

农户种植油菜主要用于食用油的自给自足或是商品交换，从目前来看，传统自给自足的农业发展模式仍占据中国农业的主要部分，近年来，国内食用油安全问题十分突出，农户为保障食用安全选择食用油自给自足不在少数，随着城镇化快速推进以及农村土地"三权分离"进一步刺激了土地流转的扩大化，农村人口中务农比例将继续下降，农村人口自给自足比例也将随之下降，农产品的商品化将是主流。农户将农产品用于商品交换的前提是至少要保障油菜生产有利可图，可是油菜种植成本在短期内难以下降，增效益就成为保障农户种植积极性的唯一手段，也有研究认为，开发油菜多功能性能提高油菜产业效益，这是基于油菜产业链的视角研究如何增加油菜效益，本章重点集中于如何提高油菜主产品效益，或者说是开发被市场扭曲所隐藏的合理价值。虽然油菜籽临时收储政策保障了农民种植收益，但也带来高昂的加工原材料价格以及不可回避的国内低价菜籽油冲击，菜籽油加工者生存困难，如果油菜籽价格下跌，生产者的效益势必受损，油菜产业发展仍将受到威胁，油菜产业处于两难境地，更深层次的原因是利益分配不协调。

---

① 资料来源：根据国家农业产业技术体系2016年冬油菜产区生产状况调查数据所得。

5.2.4   消费者与加工者之间的博弈分析

阿克洛夫在 1970 年发表的《柠檬市场：质量的不确定与市场机制》一文中，通过考察二手车的交易发现非对称信息会使市场交易难以顺利进行。如果买方不了解商品质量信息，而卖方却对此了如指掌，此时，人们可能会发现选择的商品或交易对象未必是自己希望的那样，由于担心受骗上当，好东西未必能卖出好价格，好人未必有好报，这种情况称之为"逆向选择"，食用植物油的购买者对食用植物油的质量信息获取并不完全，油料加工者却对此了如指掌，而市场流通的菜籽油品质有多种类型，也有不少来自国外的转基因菜籽油，甚至一些不法商贩将"地沟油"或"勾兑油"来以次充好。

本章参照张维迎《博弈与社会》中对二手车市场的分析方法。为便于分析，假定市场中的菜籽油有两种类型：好菜籽油与差菜籽油，假设对卖方来说好菜籽油的概率为 q，差菜籽油的概率为 1-q。假定好菜籽油和差菜籽油对卖方的保留价值分别为 2x 和 x，对买方的价值分别为 2ax 和 ax。此处，我们假定无论对卖方还是对买方，好菜籽油的价值是差菜籽油的 2 倍，并且，对买方的价值是卖方的 a 倍（a≥1，否则交易没有意义）。我们用 P 表示成交价格。由于无法区分菜籽油的优劣，P 是市场上所有菜籽油的成交价格，如果是好菜籽油，双方成交后买方获得的增加值是 2ax-P；如果是差菜籽油，买方获得 ax-P。对于卖方而言，无论出售的是好菜籽油还是差菜籽油，只要成交，其获得的收益都是 P，如果交易没有达成，差菜籽油仍然属于卖方，好菜籽油价值是 2x，差菜籽油为 x，买方的收益为零。

本章假定买卖双方都符合理性人假设，那么交易达成的条件是：买方买油得到的预期收益应不小于不买油的收益。对于卖方而言所能接受的最低价格为 2x。所以有：

$$q \times (2ax-P) + (1-q) \times (ax-P) \geqslant 0$$

P≥2x；x≠0　　　　　　　　　　　　　　　　　　　　　　　　　（5-1）

化简可得：a≥2/（1+q）；此处对这两种极端状况进行分析，当 q=0 时，即市场中所有的菜籽油都是劣质油，那么 a≥2，换言之菜籽油对买方的价值是卖方的 2 倍才能达成交易，当 q=1 时，a≥1 即可，即菜籽油对买方的价值至少与卖方的价值相同方能达成交易，我们假定买方对菜籽油的评价只比卖方高出 20%（即 a=1.2），则只有好菜籽油的比例不低于 0.67 时，好菜籽油才有可能成交，所有的交易要能发生，就要求 a 必须不小于 1，即待交易菜籽油对买方的价值大于卖方。反之，只要 a 大于 1，这个交易就可以增加总价值，但如果存在信息不对称，即使 a 大于 1，交易也不一定能进行，这就是效率的损失，或者说是市场失灵。

　　菜籽油等一些食用植物油作为生活必需品，其需求弹性较小，消费者不会过多改变需求，但会改变对某一个市场的需求结构，这是一个重复博弈过程，假定高质量的菜籽油被撤出市场后，市场上高质量与低质量菜籽油比例更加趋近于 0∶1，消费者会感受菜籽油市场质量分布的变化，他们的预期价格将降低，结果又会有部分次高质量的菜籽油撤出市场，这一过程不断重复，变化过程如图 5-1 所示，高质量的菜籽油会逐步退出市场，质量价差的菜籽油或者其他营养价值不

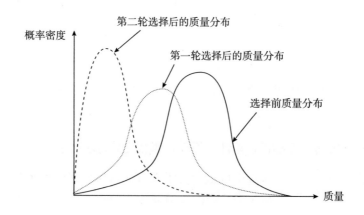

图5-1　菜籽油市场的变化

如菜籽油的食用油逐步占领市场，即市面上好的菜籽油或者食用油出现的概率由 q=1 向 q=0 转变，最终的市场均衡便是"便宜没好货"，形成一种低效率均衡。

5.3　结果讨论及政策启示

当前，国内油菜产业竞争力下降已是不争的事实，主要原因是高成本低价格导致利润空间压缩。虽然国家油菜临时收储政策的实施曾对稳定油菜籽价格具有短期效果，但国内外油菜籽和菜籽油价格长期倒挂，产业发展受限仍然十分严重。尤其是在临时收储政策取消以后，国内油菜籽价格大幅降低，农户种植油菜收益严重受损。然而，一旦油菜籽价格提高，又面对国外低价的油菜籽以及菜籽油冲击，油料加工企业生存更是难以为继，加工者的合理收益难以得到保障，在高昂的原材料价格下，产品质量又难以确保是真材实料，消费者所能购买到的菜籽油质量安全同样无法得到保障，消费者的效用受损必将对生产者产生影响，油菜籽价格面临不能过高也不能过低的两难境地。

在农业政策顶层设计之初，不能仅局限于以保护农民收入为目标，而应基于农业全产业链的利益分配视角，保证生产、加工、流通、贸易与消费各主体共同分享收益，总之，关键则在于构建"风险共担，利益共享"机制。具体而言，消费者能"花明白钱，吃放心油"，确保油菜生产者收益至少能高于其成本，加工者能获取合理利润，但市场中的信息不对称对这种机制形成巨大阻碍，非对称信息可能会导致帕累托改进无法实现，导致双赢交易无法达成。因此，要实现油菜产业各环节交易畅通，就需要找出克服信息不对称的办法。重点工作应主要集中于以下两方面：

第一，加强对油料生产工艺的管理，规范油料产品特征标识。菜籽油作为加工制成品，消费者是直接消费菜籽油，不同于其他农产品，油料产品质量优劣是难以通过只用观察加以辨别，消费者相比加工者处于信息不对称，加工出来的产品"优质"未必能"优价"，在利益驱动下油料加工者容易产生"道德风险"。因此应充分发挥政府的监督管理职能，在允许市场多元化的条件下，加大对食用植物油主要成分的标识力度，严厉打击以宣传虚假信息误导消费者等不法行为。支持小型油料加工企业发展，积极发展"浓香型"菜籽油，改造传统老式加工设备，对小型榨油作坊给予适当的设备改造资金支持，积极推进加工设备工艺改良来提高出油率和保障产品质量。

第二，积极宣传食用油相关知识，引导消费者科学食用植物油。国内食用植物油品种众多，各品种之间质量差别较大，为避免市场中的广告宣传对消费者产生误导，政府及科研单位应加强食用油相关知识宣传与引导，根据营养科学合理基本原则，指导消费者科学理性消费，加强对餐饮业食用油的使用管理。生产者作为农产品的原始供给者，农业生产是市场的开始，保障生产者的合理收益是维系市场正常运转的重要基础。

第6章 中美贸易冲突背景下油菜产业发展问题探讨

6.1 引言

2018年4月初,针对美国政府利用301条款对中国500亿美元商品拟加征关税,中国决定对包括大豆在内的原产于美国的106项商品加征25%的关税,2018年7月6日开始实施该项反制裁措施。美国作为中国大豆进口的主要来源国之一,此举将对国内油料产业产生较大影响,同时油菜作为大豆的主要替代品,大豆进口变化将对中国油菜产业发展带来挑战和机遇。

油菜作为中国第一大油料作物,在中国食用油供给中占有举足轻重的地位,油菜产业发展关乎中国食用植物油消费结构安全。国家统计局公布的数据资料显示,2016年中国油菜种植面积为733.11万公顷,与2014年的758.79万公顷相比,下降了3.38%。2017年中国食用植物油消费量为3505万吨,其中菜籽油消费量为820万吨,占比23.40%,比大豆油的45.65%低22.25个百分点,其中,国产菜籽油占中国食用植物油消费总量的 16.67%。可见，菜籽油消费总量在食用植物油消费中占比较高，在当前形势下积极发展国内油菜产业，对于改变中国食用油消费结构和调整饲料来源过度依赖大豆的现状，以及有效应对中美贸易战具有重要意义。

此前，由于国内外大豆生产成本上存在较大差异，基于比较优势的基本原则，进口大豆对提升农业福利以及减少国内农业资源消耗有着重要意义。然而，随着国际贸易形势的变化和国内农产品价格形成机制的调整，植物油脂产品供求矛盾越来越突出，尤其是食用植物油进口冲击加大，对外依存度上升，对国内产业安全产生较严重影响。尤其是在中美贸易冲突背景下，立足国内产业发展将是反制美国贸易挑衅的有力举措。本章将基于大豆进口与油菜产业发展的联动关系，对中国油菜产业的发展以及前景展开具体的分析。

6.2 加征大豆关税的合理性及必要性分析

鉴于中国进口大豆主要用于食用油消费，对大豆产业发展问题的研究应当立足于整个油料产业的视角。2017 年中国大豆进口总量已逼近 1 亿吨，国内植物油年消费量已达 3505 万吨，人均年消费量超过 24 千克，国产植物油自给率仅为35% 左右。食用植物油供给安全是关乎国计民生的大问题，提高植物油自给率对于保障中国植物油供给安全将具有重要的战略意义。对美国大豆进口加征关税不仅是对美国非法贸易手段的有力回应，更是维护中国食用植物油消费安全的必要之举。大豆和油菜这两种油料作物是中国重要的食用植物油来源，但这两种大宗油料作物却大部分依赖进口，尤其是国内大豆产能近年来严重萎缩以及油菜产业的发展也是岌岌可危的状况，发展前景令人担忧。

食用植物油是人类的重要副食品。如果人体长期摄入油脂不足，即会导致营养不良、体力不佳、体重减轻，甚至丧失劳动能力（杨瑞楠等，2018）。世界卫生组织、美国国家科研委员会（NRC）和美国卫生公众服务部（DHHS）等组织推荐的合理膳食结构是每人每天的食用植物油摄入量为 25~30 克。依据这一标准，同时根据国家"谷物基本自给、口粮绝对安全"的粮食安全战略，而适当利用国际市场调剂其他农产品的供求关系，我们选定每天人均 25 克作为中国居民食用植物油最低消费量标准，低于这一标准，居民的营养水平将被视为没有得到最基本的保证。国产菜籽油在最低食用植物油消费需求时必须达到的产出量，按每天人均 25 克的最低食用植物油消费标准，中国每年食用植物油的自产量应达到 1241.66 万吨（以 2013 年底总人口 13.6072 亿计），即使按照 2013 年国产菜籽油占国产食用植物油总量比重 55% 计算，国产菜籽油的产出量必须达到 682.91 万吨以上，也就是说，一旦国产菜籽油总量被进口植物油挤压到 682.91 万吨以下，即在 2013 年中国就应当启动贸易救济。

为维系国内油料供给安全，除了加快国内油料产业发展之外，还应实施必要的贸易救济（张哲等，2018）。由于食用植物油之间具有较强的替代性，对于油菜产业的贸易救济不能仅着眼于针对油菜籽和菜籽油的进口，而应采取多样化和层次化贸易救济措施（夏青，2018），启动反倾销、反补贴措施。2013年中国大豆进口量为 6338 万吨，对国内油菜产业造成了较大的挤压，682.91万吨的菜籽油贸易救济底线实际已被突破，在 2017 年大豆进口总量已经高达9553 万吨（数据来自海关总署）。因此，应该持续保持启动针对美国和其他大豆进口国的反倾销和反补贴调查及相应措施的权利，通过征收反倾销税和反补贴税等方式，减少进口大豆对国内油菜及相关油料产业的冲击，维系国家的战略安全。

6.3 国内外油菜生产与贸易现状

6.3.1 国际油菜生产与贸易现状

2017 年世界油菜收获面积、产量均增加，单产稍有减少。据美国农业部（USDA）统计，2017 年世界油菜总收获面积为 3653.2 万公顷，较 2016 年的 3373.0 万公顷增加 280.2 万公顷。加拿大、中国、欧盟和印度仍然排在前四位，中国占 18.21%。世界油菜籽总产量为 7492.0 万吨，较 2016 年的 6943.2 万吨增加 548.8 万吨，中国占 17.72%，中国油菜产业在世界具有十分重要的地位。世界油菜籽、菜籽油贸易总量稍有上升，据 USDA 统计，2017 年世界油菜籽出口总量为 1619.6 万吨，比 2016 年的 1579.9 万吨增加 39.7 万吨。其中，加拿大、澳大利亚和乌克兰排在出口国前三位，加拿大占 68.1%。世界油菜籽进口总量为 1546.9 万吨，比 2016 年的 1551.1 万吨减少 4.2 万吨。其中，中国、欧盟和日本排在进口国前三位，中国为 472 万吨，占世界市场的 30.51%。世界菜籽油进口总量为 449.1 万吨，较 2016 年的 439 万吨增加 10.1 万吨。

6.3.2 国内油菜生产与贸易概况

根据 USDA 数据，2017 年中国油菜收获面积为 665.3 万公顷，比 2016 年的 662.3 万公顷增加 0.45%；2017 年中国油菜籽总产量达 1327.4 万吨，比 2016 年的 1312.8 万吨增加 1.11%；2017 年中国油菜籽平均单产为 2000 千克/公顷，2016 年为 1984.05 千克/公顷。由于油菜种植效益较低，农户种植积极性低下，因此加速相关机械研发，发掘规模种植户种植潜力将是油菜产业重要发展点。需要特别注意的是，对油菜产业具有毁灭性打击的根肿病发病区域迅速蔓延趋势迫切需要有效遏制。此外，由于油菜籽持续减产、农户惜售等造成的供给不足，2017 年油菜籽价格总体呈现上升趋势，如图 6-1 所示。

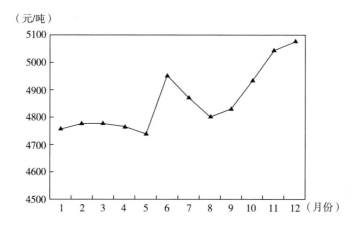

图 6-1　2017 年 1~12 月油菜籽月度价格

资料来源：中华油脂网。

受进口量增加、替代品强势、库存清理与油菜籽减产、成本上升的共同作用，2017 年中国菜籽油价格总体呈现先降后升的趋势，如图 6-2 所示。

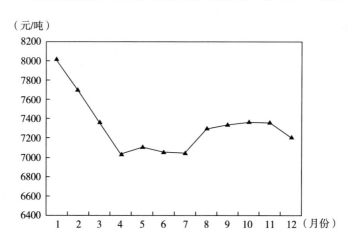

图 6-2　2017 年 1~12 月菜籽油月度价格

资料来源：中华油脂网。

由图6-2可知，第一季度下降趋势明显，由1月的8007.81元/吨下降为3月的7347.80元/吨。第二季度整体平稳，价格在7032.13~7044.05元/吨波动。6月之后，菜籽油价格呈现缓慢上升趋势，于11月达7361.43元/吨，虽然12月价格小幅下跌，但第四季度整体依然平稳。

6.4 贸易冲突对中国油菜产业的影响

6.4.1 中国对美国大豆依存度过高

从中国大豆进口格局来看，进口来源国主要有巴西、美国和阿根廷。近年来，美国第一进口来源国的地位逐步被巴西所取代，但从美国进口的大豆总量依然庞大，不容小觑。2017年，从巴西进口的大豆占中国进口大豆总量的一半以上，从美国进口的大豆占1/3左右。如图6-3所示，2008~2017年中国从美国进

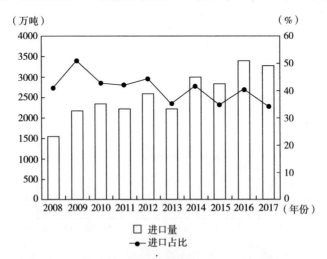

图6-3 2008~2017年中国从美国进口大豆数量及其占比

资料来源：联合国统计数据库。

口大豆数量整体上不断增加,从 2008 年的 1543.22 万吨增加到 2017 年的 3285.56 万吨,增长了 112.90%。从美国进口大豆占中国进口大豆总量的比重整体上不断下降,从 2008 年的 41.22%下降到 2017 年的 34.39%,虽然比例呈现下降趋势,但从美国进口大豆的比例仍然过高。尤其是当前美国的国家战略发展倾向明显,中国大豆进口若继续对美国依赖,显然会加大贸易风险,降低中国在中美贸易谈判中的话语权。

6.4.2 加征关税对中国进口大豆的影响

就进口价格而言,加征关税虽然会使美国国内大豆价格下降,但是中国进口大豆价格将会提高(刘成等,2017)。自 2018 年 4 月以来,芝加哥期货交易所(CBOT)的大豆期货价格已下跌近 20%。美国普渡大学的两位农业经济学家泰勒(Wally Tyner)和塔河博(Farzad Taheripour)利用普渡全球贸易分析项目(GTAP)模型预测,中国对美国大豆加征进口关税将使美国大豆价格下跌 2%~5%。由于加征 25%的关税,中国从美国进口的大豆价格将大幅提升。国家粮油信息中心预测,美国大豆的进口价格将提高 700~800 元/吨,涨幅为 20.90%~23.88%,比巴西大豆高 300 元/吨左右。进口美国大豆价格上升预期带动了进口巴西大豆价格提高。2018 年 7 月 13 日,中国进口巴西大豆价格达 432 美元/吨,较加征关税前上升 2.86%。澳大利亚农业资源经济科学局预测,中国进口大豆到岸税后均价中间价区间为 3300~3500 元/吨,比上月预测区间上调 100 元,上涨 2.94%~3.13%。进口价格的上涨将引起国内大豆价格上涨,按照美国大豆占中国进口大豆总量的比重计算,价格涨幅范围为 8%~23%;夏青(2018)预测国内大豆价格涨幅范围为 10%~15%。综上所述,对美国大豆加征关税将使中国进口大豆价格提高 2.86%~23.88%,国内大豆价格提高 8%~23%。

6.4.3 大豆进口量变化对油菜籽进口量的影响

近年来,中国油菜籽进口量不断增加,如图 6-4 所示,2008~2017 年,中国油菜籽进口量在波动中呈现出整体上升的状态。其中，2013 年中国油菜籽进口量最大，为 504.6 万吨，2010 年进口量最少，为 93 万吨，2013 年比 2010 年增加了 411.6 万吨。

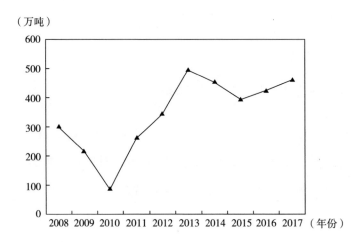

图 6-4　2008~2017 年中国油菜籽进口量

资料来源：联合国统计数据库。

　　根据相关研究，大豆进口价格每提高 1%，油菜籽进口量就增加 2.43%~2.65%。根据前文预测的大豆进口价格提高 2.86%~23.88%，油菜籽进口量将提高 6.95%~63.28%（王发龙，2015；张亚杰等，2015）。以 2017 年为基期，油菜籽进口量将增长 33 万~300 万吨。按照进口大豆出油率 15%~18%，进口油菜籽出油率 35%~40%，假设近期减少的 100 万~800 万吨进口大豆全部由进口油菜籽替代，则需要进口油菜籽 37.5 万~411 万吨。综上所述，对美国大豆加征关税将使中国油菜籽进口量增加 37.5 万~411 万吨。受中美贸易摩擦的影响，2018 年 1~8 月美国对中国出口大豆 778 万吨，较 2017 年同期的 1139 万吨减少 361 万吨，减幅为 31.7%。2018 年 1~8 月巴西对中国出口大豆 5090 万吨，占同期大豆出口总量的 78.8%，占同期中国大豆进口量的 82% 左右。而 2017 年同期巴西对中国出口大豆 4410 万吨, 占同期大豆出口总量的 77.5%。2018 年 1~7 月中国菜籽油进口量为 72.9 万吨, 比 2017 年同期增长 36.4%①。

6.5 发展中国油菜产业的现实意义

6.5.1 中国油菜产业发展潜力巨大

油菜作为中国长江流域重要的越冬农作物, 具有不与粮争地的优势, 若将冬闲田加以利用, 按 2016 年油菜籽单产 1984.05 千克/公顷和 36% 的出油率计算: ①当冬闲田利用数量增加 333.33 万公顷时, 中国油菜籽总量 (包括国产和进口) 折合的菜籽油产量占食用植物油消费总量的比例为 25.32%, 国产菜籽油数量占中国食用植物油消费总量的 20.48%, 较不增加冬闲田利用数量时均增加了 6.84 个百分点②; ②当冬闲田利用数量增加 533.33 万公顷时, 中国油菜籽总量 (包括国产和进口) 折合的菜籽油产量占食用植物油消费总量的比例为 29.43%, 国产菜籽油数量占中国食用植物油消费总量的 24.59%, 较不增加冬闲田利用数量时均增加了 10.96 个百分点。

根据贸易救济底线所对应的国内油菜籽产量 682.91 万吨, 按国产油菜籽出油率 35%、2000~2013 年平均单产 1757.56 千克/公顷计算, 要确保满足每日人均 25 克的食用植物油最低消费需求, 未来中国油菜种植面积底线应该不少于 1110.11 万公顷, 2013 年中国油菜实际种植面积约为 740 万公顷, 尚有待开发利用冬闲田面积约为 427 万公顷。因此, 在保证种植面积底线的情况下, 中国未来

---

①② 资料来源: 国家海关总署网站。

仍然有 262.66 万吨菜籽油的生产潜力可挖。如果考虑到未来技术进步带来单产的提高，加上北方小麦的轮作及出油率的提高，生产潜力可能更大。

6.5.2 发展油菜产业对大豆替代作用明显

油菜对大豆替代作用明显。随着品种改良和压榨工艺的改进，油菜籽出油率明显提高，为 35%～40%，远高于大豆的 13%～17%，即从出油率角度而言，1千克油菜籽相当于 2.06～3.08 千克大豆。同时，油菜籽出粕率约为 45%，虽然低于大豆的 80%，但菜籽粕矿物质及部分氨基酸（如含硫氨基酸）较豆粕更丰富（张乃根，2014），在水产养殖、家畜养殖等方面优势明显，加之油菜的饲料功能逐步被开发。

6.5.3 发展油菜产业可以提高土地利用效率

中国耕地资源稀缺，随着非农收入的占比逐年提高，而农业的比较收益又较低，冬闲田面积较大。中国油菜主产区多为越冬种植的冬油菜，种植油菜能够有效减少冬闲田面积，提高土地利用效率。据统计，适合油菜种植的南方省份约有427 万公顷冬闲田，通过适当补贴、推广轻简化种植等手段，能够拉动 427 万公顷油菜生产，有效地提高土地利用效率。

6.5.4 发展油菜产业能够增加农民收入

相比于大豆，油菜种植的多功能性使其增收点具有多样性，除油用、饲料用等主要功能外，还具有观赏、药用、蜜用等多种功能开发价值，其种植收益具有更大开发潜力（马晓河等，2009）。在国家积极推进乡村振兴战略的大环境下，随着农村各项基础设施逐步完善，以江西省婺源县为代表的一些以油菜观光旅游的产业慢慢兴起，大幅提高了农户的非农收入，拓宽了农民收入来源渠道。

6.6　中国油菜产业发展面临的困难

6.6.1　国内油菜产业发展的主要阻碍

自 2015 年国家油菜籽临时收储政策取消之后，中国油菜籽的种植面积和产量均出现不同程度的下降，加之农村留守劳动力老龄化严重，劳动力成本不断上升，导致油菜种植收益大幅下滑。目前，油菜生产过程中仍存在很多问题亟待解决，主要表现在以下三个方面：①经济效益低。近五年来，每公顷油菜籽的现金成本平均值为 4213.50 元，现金收益平均值为 5062.35 元；种植油菜的总成本平均值高达 12837.30 元/公顷，净利润平均值却仅有 -2796.75 元/公顷，其中净利润的计算是将农户投入的劳动力成本以及土地成本纳入考虑范围（数据来自《全国农产品成本收益资料汇编》）。可见，油菜种植成本高，利润不尽如人意，油菜籽收益上涨速度远不及油菜籽成本上涨速度，油菜种植户的种植积极性低迷。②机械化水平低。2014~2015 年，中国油菜的综合机械化水平仅为 41.96%，其中机播水平和机收水平分别为 20.74% 和 26.92%，加之油菜生长周期一致性差，且需要收获两次，更加大了机收难度。③生产周期长导致农时紧张。在双季稻地区，只有约 100 天的冬闲时间，然而目前油菜品种的生长周期在 110 天左右，加种一季油菜的农时过于紧张。

6.6.2　中国油菜进口呈现单一化格局

中国油菜籽和菜籽油进口来源地过度集中于加拿大，不利于保障进口的稳定性。一旦加拿大自身发生自然灾害导致油菜籽减产，或者出现国际性政治原因引发的禁运、战争，中国必需的进口量有可能无法得到保证，从而影响到国内油菜籽和菜籽油的有效供给。2011年、2012年来自加拿大油菜籽进口份额占比达99%以上，2013年起有所下降，但仍占到进口总量的3/4以上；2014年进口来源地国家增加到7个，其中从澳大利亚的进口份额超过10%，进口来源地单一化格局略有改善。中国菜籽油也是以加拿大为主要进口来源国，2011年从加拿大进口量占总进口量比重最高时达95.42%，2013年占比降到76.44%，2017年增加至98.79%。同时，若中国企业集中从加拿大一个国家进口油菜产品，买方之间容易形成内部竞争，而卖方有可能利用垄断地位，操纵贸易谈判和价格。由于加拿大温尼伯商品交易所WCE价格具有国际油菜籽价格定价标准的性质，中国过度集中从加拿大进口则可能削弱中国与加拿大油菜籽和菜籽油贸易的话语权。

近年来，中国油菜籽进口来源地逐渐多元化，从蒙古、俄罗斯等"一带一路"沿线国家进口量逐渐增加。从蒙古的进口量由2013年的1.93万吨增长到2016年的4.48万吨，占比由0.53%提高到1.26%。从俄罗斯的进口量由2014年的1.6万吨增长到2016年的1.94万吨，占比由0.31%提高到0.54%。蒙古、俄罗斯、乌克兰等西亚和东欧国家的油菜生产具有较大潜力。根据俄罗斯科学研究院的估计，俄罗斯每年潜在的油菜种植面积增长量有500万公顷，按照单产1.4吨/公顷的水平计算，每年油菜籽将增产700万吨（陆胜民等，2008）。随着中国逐渐加强与"一带一路"沿线国家之间农业合作与贸易，中国对油菜籽的进口需求将刺激相关国家油菜种植和油菜籽出口，中国的油菜籽进口格局将发生显著变化。因此，中国要以对美国进口大豆加征关税为契机，深化与"一带一路"沿线国家的合作，实现油菜籽进口来源地的多元化，逐渐降低对加拿大油菜籽的进口依赖。

6.6.3 低价进口油菜籽、菜籽粕对国内生产的冲击

近五年来，国内油菜籽现货平均价格为4673.08元/吨，菜籽粕现货平均价

格为 2516.06 元/吨。由于中国油菜籽、菜籽粕进口主要来自加拿大，以加拿大油菜籽、菜籽粕现货价格作为参照，2013~2017 年，进口油菜籽现货平均价格为 568.42 加元/吨，菜籽粕现货平均价格为 358.33 加元/吨；进口油菜籽价低且质优，压榨的平均利润为 -87.31 元/吨，对比国产油菜籽压榨的平均利润为 -448.61 元/吨，进口油菜籽的压榨利润远高于国产油菜籽，相较于国内的油菜籽，具有很强的替代性，进口油菜籽对国内油菜籽生产造成强烈冲击。此外，油菜多功能开发不足，无法拓展产业价值，缺乏对提高油菜生产效益的正向影响及规模化经营发展缓慢、货币汇率变动等因素（刘长鹏等，2004），都对中国油菜产业的发展产生巨大影响。

6.7 　 促进油菜产业发展的政策建议

6.7.1 　 实行稻油轮作补贴

借鉴东北地区实行粮豆轮作补贴政策，在长江流域实行稻油轮作，在冬闲田推广油菜种植。由于种植油菜具有显著的养地功能，建议将油菜种植纳入休耕轮作试点，以种植油菜作为修复生态、保护环境的农艺手段，给予差异化、精准化的补贴，试点将其纳入冬种绿肥补贴和有机质提升行动。

6.7.2 　 加快划定和建设油菜生产功能区

着力推进油菜生产功能区建设，以长江流域为重点，划定油菜生产功能区。长江流域是世界非转基因双低优质油菜的优势产区，建议综合考虑生态类型和发展基础等因素，优先在长江中游主产省建设双低优质油菜保护区，推进"品种双低化、全程机械化、功能多元化、服务社会化、加工标准化、品牌优质化"。对保护区重点县,特别是1.33万公顷(20万亩)以上的重点县要加大奖补,提高资金用于统一供种、机械化技术推广和产业化发展的比重,鼓励地方制定奖补措施发展油菜生产。

6.7.3 加大油菜科研支持力度

加大油菜科研投入力度,提升油菜产业发展效益。在生产方面,积极推进油菜"三高五化"("三高"即高产、高抗、高效,"五化"即机械化、规模化、轻简化、集成化、产业化),以提高品质的方式提升油菜经济价值,以降低成本的方式降低油菜种植成本。在加工方面,积极挖掘油菜营养健康价值潜力,提高油菜产品附加值。

6.7.4 支持油菜籽加工业发展

中国油料加工产能过剩,大多数油厂处于亏损状态,引导部分加工工艺落后、生产成本高的小企业走破产、兼并、联合之路,重点扶持壮大一批具有较强带动力的加工企业,打造精品名牌,提高效益。此外,农村"小榨"油作坊逐步兴起,市场份额不断增大,建议支持农村"小榨"油发展,进行技术改造,规范加工流程,提高产品质量。

围绕营养健康的膳食用油,重新修订国家食用植物油标准,参照国际通行标识,将饱和脂肪酸、单不饱和脂肪酸、多不饱和脂肪酸等营养指标纳入指标体系中,要体现菜籽油的营养品质,使植物油的进口和加工有统一的标准(刘长鹏等,2004)。大力推进低芥酸健康营养菜籽油的加工和系列精深产品的开发,延伸产业链,促进优质油菜产业的加工增值和健康发展。在此基础上,推进国产优质菜籽油品牌创建,开发安全健康的低芥酸菜籽油和浓香菜籽油,实施品牌差异化战略。推介一批低芥酸菜籽油品牌,做大做强非转基因菜籽油民族品牌。加强食用植物油健康营养知识的推广普及，引导低芥酸菜籽油消费，带动双低油菜生产。加强植物油标识管理，特别是植物调和油应明确标明品种结构和调和比例，加强监督检查。

6.7.5　完善油菜籽进口政策，调整进口策略，优化进口渠道

设立国内产业安全预警线。加强对植物油主产国和出口国生产、市场、贸易及政策监测，跟踪油菜籽及菜籽油国内外价差和供需走势。当进口急剧增加，严重危害国内产业安全时，应及时启动紧急贸易救济措施。应坚持油菜籽和菜籽油进口关税不下调，确保必要的贸易屏障。加强进口检疫检测。针对进口转基因油菜籽多发黑胫病、根肿病、除草剂残留等问题，应制定相应技术标准，严防检疫性病害和不合格产品输入。分散进口渠道，一方面要降低贸易依存度，另一方面要优化进口渠道，油菜进口中避免过分依赖某一国家或地区，拓展油菜贸易伙伴，提高贸易风险抵抗能力。

6.7.6　积极挖掘油菜多功能用途

积极开发利用油菜多功能特性。实施油用为主、多元发展的发展策略，将种植油菜落实为改善生态环境、增加绿色植被、服务生态文明建设的具体行动。在具体实践中，各地应综合考虑当地的自然景观条件、地理区位、经济发展状况、民俗习惯等禀赋条件确定适合当地的功能开发点，并制定相应的开发规划。如在牧区或靠近牧区的区域，可着重开发油菜饲用功能；在靠近经济发达地区的区域，可着重开发油菜观赏、菜用、蜜用等功能。此外，在功能开发过程中应积极推动产业融合，通过社会分工，实现产业衔接，提高油菜产业生产效率与收益。

第7章 我国油菜籽价格预警机制研究

自2015年6月开始我国执行了7年的油菜籽临时收储政策取消,自此油菜籽市场价格完全由市场决定,随后油菜籽价格大幅下降,油菜籽价格稳定性将面临前所未有的挑战,本章主要基于三个研究视角来探讨我国油菜价格预警机制建立的必要性:首先,调查统计我国油菜户均种植面积以及农户种植意愿状况,分析我国油菜籽市场价格变化的阶段性,剖析我国油菜籽进口结构以及对比我国油菜籽成本收益状况;其次,通过分析油菜籽历史价格数据来设置油菜籽价格波动警度与警限;最后,对于油菜籽价格预警机制的建立给出相关建议。

7.1 引言

商品价格是反映市场信息的重要方向标,价格波动则是对该产品市场供需动态变化的过程整体反映,商品价格的形成受多方面因素综合影响,因而价格问题的研究极为复杂但又具有重要的现实意义。农产品作为生活必需品,其价格变化对国计民生有着十分重要的影响作用,且其价格需求弹性较小,一旦农产品价格发生波动，整个供给市场与需求市场均会陷入混乱状况，对人民生活造成巨大的影响，特别是对于"恩格尔系数"较低的低收入者则影响更大，近些年一些网络词语"蒜你狠""豆你玩""姜你军""糖高宗""苹什么"的出现，反映出人们对于农产品价格异常波动表现出的颇多无奈。并且保证农产品价格稳定是我国宏观经济政策的总体目标之一，2010年中央农村工作会议重点任务指出，要综合运用多种调控手段，努力稳定农产品市场，平抑农产品价格异常波动，保障农产品市场健康发展。农产品价格问题是当前研究的重点与热点问题，农产品生产的季节性等特征使农产品价格具有波动大、非平稳、非线性等特点（许世卫，2011）。2016年4月大蒜价格为9.58元/千克，相比上年同期上涨72.9%，诸如大蒜等一些农产品价格巨幅波动严重扰乱了正常的市场秩序，也给居民生活造成了巨大的影响，而且给一些不法商家以"投机倒把"之机，进一步加重了对市场秩序的破坏性。

中国作为油菜生产第一大国，菜籽油素有中国"国油"的美称。油菜籽的价值潜力十分巨大，作为我国居民主要的植物食用油来源，其副产品菜籽粕也是重要的饲用蛋白质来源。实践证明，随着品种改良和技术进步，油菜的诸多功能正逐渐被挖掘，除可以生产油脂和蛋白质，还具有菜用、肥用、花用、绿用、饲用、蜜用六大功能，挖掘油菜的多功能性是提高油菜收益实现农民增收的重要举措。自2001年我国加入WTO以来，国内农产品市场逐步与国际农产品市场对接，当我国油菜产业置身于国际竞争环境中就显得尤为脆弱，国内油菜籽市场价格远高于国际油菜籽市场价格，油菜籽价格形成严重"倒挂"现象，主要原因是我国油菜生产属于小规模农户生产，不利于推进机械化，导致油菜种植、收获等环节需要大量的劳动力。当前，农村劳动力外出打工机会增加、劳动力价格上涨及其他物化成本投入的增加，导致油菜综合成本升高，种植效益不高，而且这一问题愈演愈烈，油菜籽市场价格稳定性更是有待进一步检验。

2008年金融危机爆发，我国政府为了稳定农产品价格保护农民种植油菜经济效益,在油菜主产区启动了油菜籽托市收购政策,稳定了我国油菜籽市场价格,2009~2014 年油菜临储价格分别为 2.2 元/斤、1.85 元/斤、1.95 元/斤、2.3 元/斤、2.5 元/斤、2.55 元/斤,依托价格保护政策油菜籽价格整体波动范围较小。在 2015 年 6 月 18 日有关部委下发了《关于做好 2015 年油菜籽收购工作的通知》,对湖北、四川等七个油菜籽主产省份适当补贴,此政策的实施意味着实施 7 年的油菜籽临储收购政策被取消,油菜籽价格基本由市场供需决定。截至 2016 年 4 月油菜籽现货价格同比下滑幅度高达 28.1%,油菜籽价格巨幅下跌十分不利于我国油菜产业长期的发展,这种价格的异常波动严重挫伤了农民油菜种植的积极性。而在市场经济环境下,油菜籽的价格受多种因素影响,应充分依据市场规律及时监测油菜籽价格变化,建立并完善油菜籽价格预警系统对我国油菜健康发展具有十分重要的现实意义。

7.2　文献综述

联合国粮农组织（FAO）率先将预警分析应用到农业上,19 世纪 60 年代初提出通过构建"粮食与农业的全球信息和预警系统"来收集和分析粮食价格等方面信息,监测并预警粮食价格波动。监测并预警粮食安全的学者对农产品价格预警研究已经有了较为丰硕的研究成果。李优柱（2014）指出,蔬菜价格的大起大落扰乱了正常市场秩序,不利于整个产业链的健康发展,构建了蔬菜价格预警模型以供政府部门、生产者和经营者决策参考。魏艳骄（2016）运用原奶月度价格数据构建概率分布模型,定量分析了我国奶牛养殖业的市场价格风险,并给出风险防控的政策建议。张峭（2010）通过考量我国鸡蛋、活鸡、牛肉、羊肉和猪肉五种畜产品的市场价格风险,得出我国畜产品市场风险较大的结论。赵瑞莹和贾卫丽（2004）基于经济学供求理论，构建了农产品市场风险评估系统。王步云（2009）从生猪价格周期性波动性、大国生猪养殖产业的脆弱性、生猪政策传导的滞后性三个方面分析了生产价格预警机制建立的必要性。

综合学者的研究成果，在农产品价格预警研究方面已经取得较大进展，在预警指标的选取以及模型的构建上也有了一些创新性成果，但是关于油菜籽价格预警研究较少。而在供给侧改革背景下，中央政府加快一些农产品去库存的速度，并且从 2015 年开始油菜籽临时收储政策基本取消，油菜籽价格将面临更多的不确定因素，关于建立健全油菜籽价格预警机制的必要性研究就显得尤为重要。

7.3　油菜预警的必要性研究

7.3.1　加拿大对中国油菜籽出口贸易强度指数维持在较高水平

贸易强度指数常用来分析两个贸易伙伴之间贸易关系紧密程度，该指数越高说明两国的贸易关系越紧密。其计算公式为：

$$TII_{ij}^{k} = \frac{X_{ij}^{k}/X_{iw}^{k}}{M_{jw}^{k}/(M_{ww}^{k}-M_{iw}^{k})} \tag{7-1}$$

其中，TII_{ij}^{k} 表示 i 国出口到 j 国 k 产品的贸易强度指数，X_{ij}^{k} 表示 i 国出口到 j 国 k 产品贸易额，X_{iw}^{k} 表示 i 国出口世界 k 产品贸易额，M_{jw}^{k} 表示 j 国 k 产品进口额，M_{ww}^{k} 表示世界 k 产品进口额，M_{iw}^{k} 表示 i 国 k 产品进口额。$TII_{ij}^{k}>1$ 表示 i 国对 j 国 k 产品的出口水平高于同期 j 国在世界 k 产品进口市场中所占的份额，即 i 国和 j 国在 k 产品上贸易关系紧密，反之亦然。一般来说，i 国与 j 国贸易互补性越强，该指数就越高。

由于加拿大在油菜籽生产方面具有比较优势，生产成本比较低。加拿大未从中国进口油菜籽。2002~2015 年，中国对加拿大油菜籽贸易强度指数为 0，而加拿大对中国油菜籽贸易强度指数均值为 2.23（见表 7-1）。加拿大对中国油菜籽的出口水平高于同期中国从世界市场上的进口份额，说明在油菜籽出口贸易上加拿大与中国贸易关系比较紧密，即加拿大油菜籽在中国市场上的开拓程度比较大。而且加拿大对中国油菜籽贸易强度指数在 2007 年以后维持在较高水平，且波动幅度比较小。

表 7-1　2002~2015 年中国与加拿大油菜籽贸易强度指数

年份	中国对加拿大油菜籽贸易强度指数	加拿大对中国油菜籽贸易强度指数	年份	中国对加拿大油菜籽贸易强度指数	加拿大对中国油菜籽贸易强度指数
2002	0	0.82	2009	0	2.55
2003	0	2.17	2010	0	2.44
2004	0	2.55	2011	0	2.54
2005	0	1.97	2012	0	2.50
2006	0	2.12	2013	0	2.33
2007	0	2.28	2014	0	2.29
2008	0	2.59	2015	0	2.10

注：根据 UNComtrade 数据库计算整理所得。

7.3.2　油菜户均种植面积缩减，农户短期种植意愿下降

2015 年油菜籽临时收储政策取消，油菜产业面临前所未有的挑战，为及时、准确地了解和掌握当前我国油菜生产现状和存在的问题，根据农业部要求，依托国家油菜产业技术体系的综合试验站，由首席科学家牵头，组织有关油菜专家在所属范围的主产县建立长期定点生产监测网络，对主产县的油菜种植农户定点、实地入户调查，定期收集生产面积、产量、投入、农户经济状况、价格预期等动态信息。本次共调研全国 14 个省份冬油菜产区，涵盖了全部冬油菜主产省区；

调查油菜主产县共计 125 个，占我国油菜生产大县（20 万亩以上）的 89.27%；涉及 387 个行政村，共计 2288 户农户。本次接受调研的农户总耕地面积 16557.63 亩，其中油菜种植面积 12037.78 亩，并结合 2014 年度生产状况调查数据，统计如表 7-2 所示。

表 7-2　2015 年和 2014 年全国和各地区户均油菜种植面积　单位：亩，%

主产区	2015 年	2014 年	增减幅度
全国	5.77	5.98	-3.51
安徽	4.96	3.07	61.56
重庆	1.72	1.78	-3.37
云南	3.80	3.57	6.44
四川	2.23	2.22	0.45
上海	0.59	0.72	-18.06
陕西	1.44	1.34	7.46
浙江	3.98	6.10	-34.75
江西	18.79	18.21	3.19
江苏	7.36	8.32	-11.54
湖南	8.65	9.48	-8.76
湖北	3.76	4.74	-20.68
河南	3.26	2.85	14.39
贵州	3.34	3.47	-3.75
广西	1.76	2.27	-22.47

注：全国户均油菜种植面积按各省户均油菜种植面积比例加权计算而得，权重为 2014 年各省油菜播种面积占所调查省份油菜总播种面积的比值。

资料来源：《中国统计年鉴》。

样本选自油菜产业体系固定观察点数据，具有一定的连贯性，对比 2014 年与 2015 年农户户均油菜种植面积可以发现，2015 年度油菜户均油菜种植面积出现大幅下滑，各地区油菜播种面积前后两年波动较大，这种变化必将引发油菜籽供给量的变化，并给油菜籽价格波动带来更多的不确定性。

7.3.3 油菜籽市场价格重归市场调节，市场价格快速下跌

通过统计 2002 年 1 月至 2016 年 6 月国内油菜籽现货价格数据，将油菜籽日价格平均得出油菜籽月度价格。总体上可以将油菜籽价格变化趋势划分为三个变化阶段：第一阶段为 2002 年 1 月至 2007 年 12 月，在此期间油菜籽价格表现出一定的波动幅度，价格整体呈现震荡上行趋势。自我国 2001 年加入 WTO 以来，依照世界贸易组织相关协定我国油菜籽市场逐步对外开放，国内与国际市场逐步对接，迫使油菜籽市场不再是由国内市场构成的封闭市场，油菜籽价格的形成受国内外市场环境共同影响，从变化趋势来看，这一阶段油菜籽价格波动幅度较大。第二阶段为 2008 年 1 月至 2015 年 5 月，这一时期为油菜籽临时收储政策执行期，油菜籽价格除受市场供需决定以外，更多的则是受政府临时收储政策影响，因此该阶段油菜籽价格不能客观反映市场整体供需态势，从价格的发展趋势图可以看出，油菜籽价格变化相对较为平稳，很大程度上是由于政府宏观政策的影响。第三阶段为 2015 年 6 月至 2016 年 4 月，受 2015 年 6 月油菜籽临时收储政策取消影响，油菜籽市场价格出现"断崖式"下跌，油菜籽现货价格由 2015 年 5 月的 5072.5 元/吨下跌至 2016 年 4 月的 3668 元/吨，下降幅度高达 38.3%。由于我国油菜籽主要是以冬油菜为主体，2015 年播 2016 年收冬油菜尚未上市，市场预期尚不明朗，因此当前价格表现依然较为平稳，从 2015 年 7 月以后油菜籽价格一直处在低位徘徊。油菜籽市场价格重归市场调节，油菜籽价格变化也必将面临更多的不确定性。

7.3.4 油菜籽自给率下滑，进口来源地过于单一

首先统计出 2002~2014 年我国油菜籽产量以及油菜籽的消费总体数量，油菜籽自给率=国内油菜籽供给（国内生产量）/国内油菜籽消费量，然后依据自给率的定义，并计算出 2002~2014 年我国油菜籽的自给率，并综合相关数据绘

制我国油菜籽供需状况图，如图 7-1 所示。

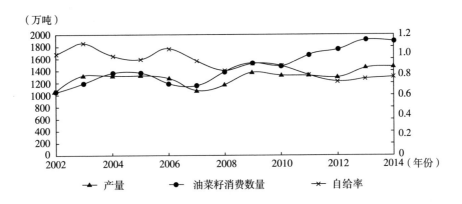

图 7-1　2002~2014 年我国油菜籽供需状况

2002~2007 年我国油菜籽基本能保持自给自足，但 2008 年以后，我国油菜籽自给率开始下滑，且油菜籽供需缺口也呈现出不断扩大趋势，这与 2008 年以后我国临时收储政策的执行密切相关，每年油菜籽的最低保护价使国内外油菜籽产生较大价差，油菜籽价格呈现严重"倒挂"现象，在市场竞争环境下农产品的价差引导农产品在全世界范围内迅速流通，使低价的进口油菜籽在我国市场占有率不断提高，挤压国内油菜籽市场，也造成我国油菜产业对国外市场的依赖。在国际贸易往来中，农产品价格受政治、经济等多重因素影响，油菜籽自给率越低则油菜籽价格受国外油菜籽市场影响越大，尤其在当前国际环境如此复杂的背景下，及时准确地监测油菜籽市场价格变化是保障油菜产业健康发展的关键。

此外，根据美国农业部公布的数据资料，统计我国油菜籽进口来源状况，受数据资料限制，本章仅统计 2006~2015 年油菜籽进口数据，但足以反映我国进口结构的变化趋势，从表 7-3 中数据可以看出，中国进口油菜籽主要来源于加拿大，对加拿大油菜籽的依赖程度基本保持在 80% 以上，即平均有 80% 以上进口油菜籽来源于加拿大，这种进口结构过于单一，对加拿大油菜籽产生了过分的依赖，一旦加拿大油菜籽出现大幅减产或其他方面不确定的因素影响，势必会对我国油菜籽供给市场造成极大的冲击，尤其是市场价格方面的冲击。国内国外价格差是将国内油菜籽价格减去国外油菜籽到岸价格所得到的数额，对比国内外油菜籽价格差可以发现国内外价差一直保持增长态势，国外内价格差增加了市场的不确定性，巨大的价差使国外油菜籽不断涌进国内市场，也显示出国内油菜产业缺乏竞争力，间接反映了国内油菜籽价格受制于国外。

表 7-3　2006~2014 年我国油菜籽进口状况　　　　单位：元/吨,%

年份	全球	加拿大	进口占比	国内国外价格差
2014	5026681.92	4492081.60	0.89	1780.75
2013	3648133.24	2788492.36	0.76	1093.75
2012	2931813.03	2929454.03	1.00	795.50
2011	1251080.08	1250273.81	1.00	601.42
2010	1599285.56	1488474.97	0.93	725.58
2009	3267056.01	3212038.32	0.98	1016.42
2008	1301389.91	1282785.98	0.99	526.58
2007	827045.45	826359.25	1.00	171.42
2006	728076.40	728076.40	1.00	155.00

资料来源：《中国农村统计年鉴》、美国农业部。

7.3.5　油菜籽生产成本快速上涨，国外油菜籽冲击国内市场

根据《全国农产品成本受益资料汇编》2002~2014 年相关数据资料，收集并计算得出 2002~2014 年油菜籽的生产成本、物质费用以及市场平均价格，如表 7-4 所示。生产成本主要包含物质费用以及人工成本，在此期间，生产成本上涨幅度为 164.4%，物质费用成本上涨幅度为 61.0%，人工成本出现巨幅上涨，幅度高达 354.9%，且人工成本逐渐成为油菜生产成本中的主要构成部分，随着我国"人口红利"消耗殆尽致使油菜籽生产成本进一步上涨可能性增大，而销售价格

上涨幅度仅为180.6%。通过对比油菜生产成本收益状况，油菜籽的生产成本逐渐接近甚至逐渐超过收益，油菜生产利润已萎缩至亏损的"临界点"，农户生产决策对价格的变化十分敏感，换言之，即农户生产决策对价格的弹性非常大，此时若油菜籽价格稍有下滑或波动将给油菜产业带来毁灭性的灾难。此外，在油菜籽临时收储政策取消的背景下，油菜籽价格的决定重新回归于市场调节，当前国际国内市场环境十分复杂给油菜籽价格变化带来诸多不确定性，油菜籽价格的异常波动会严重干扰农民原有的生产计划，尤其当价格大幅下跌时会重挫农民油菜种植的积极性，引发农民大幅减少油菜籽种植。基于此，依据相关市场信息构建较为完善的油菜籽价格预警机制有利于减小市场风险，使市场价格基本上符合农民对价格的预期，引导农民科学合理调整生产计划，这对保障农民油菜种植效益以及稳定油菜播种面积和总产有着重要现实意义。

表7-4 2002~2014年我国油菜生产成本收益状况　　单位：元/千克

年份	生产成本	物质费用成本	人工成本	油菜籽价格
2002	2.15	1.00	1.15	1.86
2003	2.14	0.93	1.21	2.37
2004	1.88	0.84	1.04	2.71
2005	2.00	0.85	1.15	2.25
2006	2.04	0.87	1.17	2.34
2007	2.00	0.85	1.15	3.51
2008	2.46	1.06	1.40	5.13
2009	2.74	1.21	1.53	3.53
2010	3.35	1.30	2.05	4.00
2011	3.85	1.37	2.48	4.60
2012	4.94	1.52	3.42	4.94
2013	5.35	1.50	3.85	5.29
2014	5.69	1.61	4.08	5.22

资料来源：《全国农产品成本收益资料汇编》。

7.4 油菜籽价格波动警度与警限设计

根据前文的相关分析,可知我国油菜籽的价格具有阶段性特征。2008~2015年初,油菜籽价格更大程度上受国家临时收储政策影响,市场价格不能准确地反映市场供需信息,2002~2008年以及2015年因油菜籽临时收储政策取消至今则更大程度上受市场因素影响,本章基于油菜籽价格历史数据,在没有突发事件条件下,油菜籽价格的波动应该维持在一定的范围内,如果油菜籽价格出现较大幅度的波动均属于异常波动。

本章以油菜籽价格变动率作为预警指标,统计2002~2008年油菜籽季度价格情况,使用价格变动率:

$$PR_t = lnP_t - lnP_{t-1} \tag{7-2}$$

其中,P_t 与 P_{t-1} 分别表示第 t 期和第 t-1 期的表示价格,PR_t 表示油菜籽价格变动率。2002年1月至2007年12月油菜籽价格的变动率为2.4‰,标准差为0.045‰,对价格季度变动率进行 Shapiro-WilkW 检验,检验结果表明,该时间序列数据是服从正态分布的。根据正态分布3δ原则以及油菜籽价格波动的特征设定油菜籽价格警度标准与范围,如表7-5所示。

表 7-5 油菜籽价格警度与警限设计

警度	波动 (‰)	颜色	市场状态
重度偏高态	(2.49, +∞)	红	油菜籽价格上涨幅度过大
偏高态	[2.445, 2.49)	黄	油菜籽价格上涨幅度较大
正常	[2.355, 2.445)	绿	油菜籽价格稳定
偏低态	[2.31, 2.355)	浅蓝	油菜籽价格下跌幅度较大

续表

警度	波动（‰）	颜色	市场状态
重度偏低态	$(-\infty, 2.31)$	深蓝	油菜籽价格下跌幅度过大

通过分析油菜籽历史价格数据资料来设置价格波动警限，分别针对油菜籽价格波动状况设置了四个波动区间，对于油菜籽价格异常波动程度评估有着重要指导作用。中央政府以及油菜生产相关部门可以依据价格波动警度情况及时调整油菜生产计划以及生产政策，并做好风险防控工作。

7.5 警源分析模型

本章选取影响油菜籽价格的供给、需求、宏观环境等多方面的指标，采用因子分析法构建油菜籽价格警源分析模型，主要的指标有：大豆油价格、花生油价格、油菜籽进口量、油菜籽生产成本、国内油菜籽产量、小麦价格、消费价格指数、汇率（对美元）、油菜籽期货价格、油菜籽进口价格。以上数据分别来自Wind 数据库以及《中国农产品价格调查年鉴》。由于中国从 2001 年加入 WTO，国内外市场开始对接，从 2008 年中国开始执行油菜籽临时收储政策，油菜籽市场价格受政府宏观政策影响，2015 年中央政府取消油菜籽临时收储政策，将油菜籽定价重新交给市场决定。故而选择 2002 年 1 月至 2007 年 12 月和 2015 年 1月至 2016 年 4 月作为研究时间段，这是因为 2002 年 1 月至 2007 年 12 月和 2015年 1 月至 2016 年 4 月在政府宏观政策方面的环境是一致的。

对所选的 11 个指标进行因子分析，得到 3 个因子，根据各种影响油菜籽价格的指标在三个因子上的承重指数，将 11 个指标分别归类在 SF1、SF2 以及 SF3上，其中 SF1 称为"替代因子"，包含指标有：油菜籽进口量、小麦价格、汇率、油菜籽期货价格、油菜籽进口价格；SF2 称为需求因子，包含指标有：大豆油价格、花生油价格、菜籽油价格、CPI；SF3 称为"供给因子"，包含指标有：国内油菜籽产量。基于因子分析的模型构建，因子分析模型用矩阵的形式可以表示为 $F=A^{-1}X$，A^{-1} 代表得分系数矩阵，因子 F 为因子得分系数矩阵 A^{-1} 与指标矩阵 X 的乘积，如表 7-6 所示。因子分析中对所用到的变量均进行了标准化，故而得到的因子也是没有单位的标准化值，书中同样对 Y 进行了标准化，并构建了油菜籽价格与 3 个因子之间的线性回归模型：

$$Y = 0.872SF1 + 0.270SF2 + 0.229SF3$$

$$(23.64) \quad (7.31) \quad (6.20) \tag{7-3}$$

$$R^2 = 0.881 F = 216.91$$

表 7-6　旋转后的因子载荷矩阵

	SF1	SF2	SF3
大豆油价格	−0.4500	**0.8165**	−0.3063
花生油价格	0.4310	**0.8730**	−0.0661
油菜籽进口量	**0.8491**	−0.2361	0.3430
油菜籽生产成本	0.2046	**−0.8242**	−0.3732
国内油菜籽产量	0.2646	−0.1129	**0.8944**
小麦价格	**0.8861**	0.0227	0.4149
菜籽油价格	−0.3965	**0.8233**	−0.3704
汇率（对美元）	−0.9660	0.1529	−0.1682
CPI	0.2494	**0.9219**	0.0009
油菜籽期货价格	**0.9178**	−0.0390	−0.1041
油菜籽进口价格	**0.9155**	0.2848	0.0616

调整后的 R^2 为 0.881，说明线性构型的拟合效果较好；F 值为 216.91，线性模型十分显著，各因子均通过显著性检验，说明此处所构建的因子模型能够较好

地拟合出油菜籽价格状况。

　　表 7-7 显示了 2015 年 1 月至 2016 年 4 月油菜籽价格警源变动对油菜籽价格的影响。2015 年 1 月至 2015 年 7 月及 2015 年 10 月至 2016 年 4 月这个时间段油菜籽警情信号灯颜色为深蓝色，表明油菜籽价格下跌幅度过大。从 3 个因子的得分可以看出，在这两个期间段 SF1 因子和 SF3 因子得分有明显的下降。2015 年 8 月油菜籽警情信号灯颜色为红色，即油菜籽上涨幅度过大，主要原因是 SF1 因子和 SF3 因子大幅增长，拉动油菜籽价格明显增长。

表 7-7　2015 年 1 月至 2016 年 4 月油菜籽价格警情与 3 个因子得分

时间	油菜籽价格（元/千克）	SF1	SF2	SF3	警情信号灯颜色
2015 年 1 月	5.048	1.926	-0.728	0.812	深蓝
2015 年 2 月	5.056	1.869	-0.642	0.804	深蓝
2015 年 3 月	5.065	1.819	-0.692	0.774	深蓝
2015 年 4 月	5.064	1.926	-0.701	0.811	深蓝
2015 年 5 月	4.805	2.161	-0.805	0.891	深蓝
2015 年 6 月	4.034	2.177	-0.787	0.891	深蓝
2015 年 7 月	3.587	1.744	-0.671	0.697	深蓝
2015 年 8 月	3.643	2.100	-0.726	1.011	红色
2015 年 9 月	3.680	1.688	-0.711	0.810	红色
2015 年 10 月	3.684	1.756	-0.798	0.820	深蓝
2015 年 11 月	3.680	1.744	-0.784	0.836	深蓝
2015 年 12 月	3.680	1.652	-0.755	0.815	深蓝
2016 年 1 月	3.670	1.423	-0.721	0.250	深蓝
2016 年 2 月	3.670	1.818	-0.742	0.539	深蓝
2016 年 3 月	3.670	1.551	-0.708	0.403	深蓝
2016 年 4 月	3.670	1.649	-0.720	0.364	深蓝

7.6 油菜籽价格预警机制的构建

7.6.1 完善油菜籽价格调控协调机制

油菜籽价格预警机制的建立是一项艰巨的任务，需要众多部门在政策、人力、财力方面的大力支持及配合。当前，我国的粮食局、物价局、统计局及大型油料加工企业所掌握的油菜籽供求信息相互独立，并且部门之间缺乏及时有效的沟通。因此信息缺乏有效的整合，从而难以发挥整体优势与系统功能。国家应该建立一个负责油菜籽价格调控的协调机制，将农业、粮食、贸易、统计、气象等有关的部门纳入，组建一个油菜籽价格监管中心，形成一个信息共享的平台，并组织相关部门定期举行讨论会议，就油菜籽价格监控中的问题进行磋商，并加强对油菜籽价格预警理论与方法的研究，形成一套适合我国国情的油菜籽价格调控协调机制。

7.6.2 建立油菜籽价格预警系统

预警的目的是防患于未然，因此建立迅速及时的油菜籽价格预警系统非常重要。有关部门应该加强对油菜产业的监管。在油菜主产区和销区建立信息采集点，通过建立客观、准确、完善的数据统计系统对采集点范围内的油菜生产成本、市场供求、市场流通、贸易等信息进行定时采集，以确保数据信息的时效和质量。科学地对数据进行加工和处理，同时建立科学、可行、完整的油菜籽价格预警指标体系，并以此建立数据库，在此基础上建立健全油菜籽价格预警系统。预警系统应该包括预警咨询、预警决策、预警执行和预警监督子系统，具备发现警情、寻找警源、分析警兆、预测警度、警情排除建议等功能。应及时监控国内外影响油菜供求的信息，对可能出现引起菜籽油价格波动的苗头及时发出调控信号。

7.6.3 强化油菜籽价格调控体系的服务功能

油菜籽价格监管中心应通过及时发布油菜籽价格信息来引导油菜生产，及时向国家决策部门、生产者和流通部门提供信息，为政府调控油菜籽价格服务。同时，国家应该健全农村信息发布机制，定期向农民发布油菜籽市场信息，引导农民按市场需求生产。同时，应该积极与加拿大有关部门合作，重视国外油菜籽市场价格检测系统的建立。及时发布国外油菜籽价格信息，促进国内油菜籽价格与国际油菜籽价格的对接。

第8章　油菜临时收储政策变动下农户种植意愿的影响因素研究

8.1　引言

按照亚当·斯密（2011）的观点，经济发展是由市场这只"无形之手"所引导，他主张经济发展应尊重自由竞争而反对政府过度干预；与之对立的一种观点则是以凯恩斯为代表的新古典经济学派强调政府的宏观调控作用，经济发展总是围绕政策调整以及市场变化而进行。政策调整应基于政策的预期目标以及着眼未来发展的综合决策，2017年中央一号文件重点提出要深化农业供给侧改革，预示着我国农业改革范围将更加广泛，力度也将更大。2015年底，习近平总书记多次强调供给侧结构性改革问题，这是基于我国农业当前所面临现实问题的综合考虑，我国粮食总产实现"十一连增"，粮食总产高达6.21亿吨，但中国粮食面临"三量"（出口量、库存量、总产量）齐增的扭曲状况，且农产品成本"地板"逼近价格"天花板"是大宗农产品普遍面临的"通病"，国家对几项重要农业政策进行改革：降低玉米最低收购保护价格，2015 年玉米收购价格较 2014 年下降幅度高达 11.5%，并启动新疆地区棉花的目标价格补贴政策，2015 年 6 月取消油菜籽临时收储政策。一系列政策的变动，也意味着中国农业发展迈入新的历史发展阶段。由于农业的先天弱质性及其社会保障等特性，决定农业发展对政策有着广泛而又深度的依赖性，由此导致农业经济发展对政策变动表现出高度的敏感性。以油菜为例，自 2015 年起由地方政府负责组织各类企业进行油菜籽收购，不再对油菜籽实行国家临时收储，意味着自 2008 年以来执行的油菜籽保护性收购价格政策被取消，此后，2015 年全国大部分地区油菜籽收购价格大幅下跌，部分地区的油菜籽价格跌至 3.6 元/千克，较 2014 年同期 5.1 元/千克，下跌幅度高达 29.4%，降低了农户种植收益，挫伤了生产积极性，全国油菜播种面积随即迅速下滑。

回顾我国农业发展历程，城乡发展失衡及农业发展水平相对滞后是不可回避的现实，以农业基本生产资料为基础来优先发展工业的战略，是国家基于特定历史时期的重大战略决策。重工业优先发展战略是高度集中计划体制形成和发展的逻辑起点，选定优先发展工业就必须形成相应的价格扭曲宏观政策，主要通过限制农产品价格来促进工业发展，以低价农产品为工业经济发展提供支撑，使农业成为工业发展"营养"来源。但自 20 世纪 90 年代以来，随着中国经济总量迅速增长以及经济结构快速变迁，中国农业政策方向也开始扭转，逐步由歧视农业、剥夺农业向反哺农业、补贴农业根本性转变。朱满德（2011）认为，各项支持政策逐步向农业倾斜，通过调控要素价格、产品价格以及予以政策补贴等方式来保障我国农业健康发展。因此，如何科学制定农业政策来保障我国农业经济市场的正常运转是农业经济问题研究的重点与难点。在政策实际落实过程中，我国政府相继出台了一系列农业政策，例如 2006 年全面取消农业税，从 2004 年开始中国实施了粮食最低收购价、临时收储和直接补贴等一系列农业支持政策，在保障粮食等主要农产品有效供给、促进农民持续增收方面发挥重要作用，各项农业政策的实施是国家基于宏观视角考虑，是促进农业生产实现农民增收的重要举措。

中国是农业生产大国，农业经济发展为国民经济正常运转提供长期动力，农业经济在国民经济中占有重要地位。一直以来，农业增产以及农民增收始终是我国"三农"问题中的关键。2008 年金融危机席卷全球，中国政府为保护农民种植收益，相继出台了一系列农产品价格支持政策来保障农民收益，诸如对部分农产品实施价格保护政策，这些政策对稳定我国农业发展及农民增收贡献巨大。然而，时至今日，农产品供给由之前的严重不足逐渐发展为大量剩余，随着农业生产成本逐步上升以及农产品价格相对较低，农产品比较效益下滑的状况持续恶化，农业增产农民不增收的问题普遍存在。程国强（2009）认为，中国对农业的补贴支持已经进入快速增长阶段，农业支持总量和主要农产品补贴水平大幅提高，价格支持和挂钩补贴等措施逐步成为主要政策工具，对市场的干预和扭曲作用日益明显。

自我国家庭联产承包责任制实施以来，农产品的供给由严重不足至今已发展为大量剩余，农业的"大丰收"，一方面归结于农业生产的技术进步及制度变迁的贡献，另一方面则是由于国家对于农业给予大量的价格保护政策，刺激了农户的生产积极性，在农产品大量剩余以及大量库存挤压背景下，中央紧接着提出要推行农产品供给侧改革，在国家各项农业政策逐步向好的状况下，政策骤变必然会引发市场不适应，尤其在农民这一层面，因此研究农民对政策变化的反应是进一步推进农业补贴政策改革的重要实证基础，也是在农业供给侧改革背景下必须面临的现实问题。

8.2 文献综述

农业政策是如何影响农业生产？关于这方面研究目前主要分为两种观点：一

种观点认为农业补贴可以提高农民种粮积极性，进而增加了农民收入和粮食产量（陈慧萍等，2010；曹芳等，2005），优化了种植品种结构（陈波等，2006）；另一种观点认为农业补贴只是增加了农民收入和福利（钟春平，2013），实施粮食直补政策会增加农业部门的总产出（穆月英等，2009），并且种粮直补政策比生产性专项补贴对增加粮食产量更有效（韩喜平等，2007），农业政策对农民有着十分重要的影响是毋庸置疑的，其具体的影响机制与内容是十分值得深入研究的问题，陈飞（2010）认为农业政策成功与否不仅取决于政策的实施环境，更主要取决于农民对政策刺激反应的强烈程度，认为随着政府对农业投入的增加，各项农业政策对粮食生产均具有显著正向影响。吕晨钟（2012）认为补贴政策提高了农民种粮积极性，对保护我国粮食安全具有较大促进作用。

舒尔茨（2006）认为农民行为决策通常符合理性经济人，农民生产决策会综合考虑各项成本投入，遵循以最小成本投入获取利润最大化的原则，而农业一些支持补贴政策通过降低农民生产的直接成本或间接成本来提高农民生产效益，农业政策的目标主要是保障粮食安全、增加农民收入，确保食品安全、增强环境保护和提高农业国际竞争力（何树全，2012），而基于微观视角，农业政策是影响农民生产决策的重要因素（邓小华，2004）。粮食补贴政策最直接的效果就在于调动农民的种粮积极性。

上述文献分析了各项农业支持政策对农民积极性的影响以及对农业产业的支持作用，在宏观层面以及微观层面都进行了深入研究。但农业政策对农户以及农业产业的影响不仅限于政策执行中，政策取消之后可能的影响不能忽视。然而当前文献研究中，对于农业政策取消后可能带来的影响的研究尚未涉及，农业政策不仅应"善始"，更应"善终"，国家对农业支持政策是一种短期或中期扶持政策，不会长期予以政策支持，且长期政策支持也不利于产业健康持续发展，因此大多数农业支持政策在执行一段时期之后必然面临取消，但政策的实施使农户产生一定的依赖性，导致农业政策在由"好"变"坏"转变中，是否会引起农民不适应，或者说农业产业是否有能力应对产业政策的骤变，这是对农业产业政策综合评价的关键，本章通过深入研究农业政策取消之后农民的反应，基于此视角的研究也为农业支持政策优化改革提供重要借鉴。

8.3 油菜籽价格变化分析

通过统计 2002 年 1 月至 2016 年 4 月国内油菜籽现货价格数据，将油菜籽日现货价格平均可得出油菜籽月度价格，总体上可以将油菜籽价格变化趋势划分为三个变化阶段：第一阶段为 2002 年 1 月至 2007 年 12 月，在此期间油菜籽价格表现出一定波动幅度，价格整体呈现震荡上行趋势。自 2001 年我国加入 WTO 以来，依照世贸组织相关协定我国油菜籽市场逐步对外开放，自此国内与国际市场逐步对接，油菜籽市场不再仅有国内市场构成的封闭市场，油菜籽价格形成是受国内外市场环境共同影响，从价格变化状况来看，这一阶段油菜籽价格波动幅度较大。第二阶段为 2008 年 1 月至 2015 年 5 月，这一时期为油菜籽临时收储政策执行期，油菜籽价格除受市场供需决定以外，更多受政府临时收储政策影响，因此该阶段油菜籽价格不能客观反映市场整体供需态势，从价格发展趋势图可以看出，油菜籽价格变化相对较为平稳，很大程度上是由于政府宏观政策的影响。第三阶段为 2015 年 6 月至 2016 年 4 月，受 2015 年 6 月油菜籽临时收储政策取消影响，油菜籽市场价格出现"断崖式"下跌，油菜籽现货价格由 2015 年 5 月的 5072.5 元/吨下跌至 2016 年 4 月的 3668 元/吨，下降幅度高达 38.3%，自 2015 年 7 月以后油菜籽价格一直处在低位徘徊，对比油菜市场价格的变化规律和政策变动，可以发现农业政策变动对农产品市场价格发挥着关键影响作用，除油菜之外，玉米等农产品的价格变化也是当前农业经济关注热点，可见农产品价格保护政策放开趋势成为必然。

8.4 模型的构建与变量设置

8.4.1 模型选择

农户对油菜种植意愿的影响因素研究是一个三元离散性问题，本章采用多元 Logistic 模型来分析农户油菜种植意愿的影响因素，将农民对油菜的种植意愿设置为被解释变量，问卷中农民的选项有三种，"增加面积""维持面积"和"减少面积"，增加面积取值为 3，维持面积取值为 2，减少面积取值为 1，对于任意选择 j=1，2，3，多元 Logistic 模型公式表示为：

$$\ln\left[\frac{p(y=j/x)}{p(y=j/x)}\right] = \alpha_j + \sum_{k=1}^{K} \beta_{jk} x_k \quad j=1,\ 2,\ 3 \tag{8-1}$$

等价于：

$$p(y \leqslant j | x_i) = \frac{\exp(\alpha_j + \sum_{i=1}^{k} \beta_i x_i)}{[1 + \exp(\alpha_j + \sum_{i=1}^{k} \beta_i x_i)]} \tag{8-2}$$

式（8-1）和式（8-2）中，y 为农民对油菜的种植意愿，分为三个等级，分别用-1，0，1 来表示为 x_i，k 个影响农民对油菜种植意愿的自变量，α_j 为截距参数，β_j 为回归系数。

8.4.2 变量描述及特征说明

8.4.2.1 变量描述

户主性别对农民种植意愿的影响具有不确定性，年龄对农民油菜种植意愿可能为负，由于身体原因，年龄较大的农户外出务工机会相对较少，多数会选择留在农村务农；户主文化程度对农民放弃油菜种植意愿影响存在两种可能，这主要是因为教育水平相对较高的农民能更好应用先进技术和方法管理农田进而取得较好的收益，但是受教育好的农民，由于其学习能力强，也更有可能从事非农活动，外出务工机会相对较多，因此对种植意愿的影响既可能是负的也可能是正；对于劳动力数量以及家庭人口数量预期为正，劳动力数量较多农户，从事农业生产的优势更大；耕地面积对农民种植意愿预期方向为正，耕地面积大的农民更可能获得规模效益，其种植意愿也就越强烈；预计油菜面积为正向影响，农民的种植习惯存在较大惯性，且对一些农业生产技术的把握一般情况调整种植结构可能性更小；化肥投入以及人工投入对农民油菜种植意愿的影响可能为负，在种植过程中的投入过多则会降低农民的种植意愿，劳动力成本在一般情况下对农民的种植意愿呈现出负向影响，这主要基于机会成本的视角来考虑。农业政策倾向对农民生产行为影响较大，一般而言，农业政策支持力度越大，农民的种植意愿越强，按照农业政策的实施阶段，可以将农业补贴政策划分为：产前的要素补贴、产中的机械化补贴、产后的农产品价格补贴，农业政策主要目的是促进农民增收，对农业政策的影响预期均为正向。如表8-1所示。

表8-1　变量选择与赋值

归类	变量	定义及赋值	均值	标准差	最小值	最大值
Y	种植意愿	维持面积为1，增加面积为2，减少面积为0	0.98	0.49	0.00	2
X1	性别	男性为1，女性为0	0.91	0.27	0.00	1
X2	年龄（岁）		56.42	9.41	24.00	84
X3	家庭收入（元）		5.64	4.88	0.20	60
X4	受教育程度（年）	小学＝6，初中＝9，中专、高中＝12，大专＝15，本科＝16	8.30	2.47	0.00	16
X5	家庭人数（个）		5.53	4.84	0.20	60
X6	家庭劳动力数量（个）		4.72	1.88	1.00	32

续表

归类	变量	定义及赋值	均值	标准差	最小值	最大值
X7	现有耕地面积（公顷）		1.44	119.89	0.01	220
X8	油菜面积（公顷）		0.41	35.81	0.01	73.33
X9	化肥费用（元/公顷）		1306.20	59.90	0.00	8850
X10	人工数量（个/公顷）		79.35	3.96	0.00	375
X11	人工费用（元/公顷）		1480.35	24.26	675.00	2775
X12	生产补贴	一般为1，不满意为0，满意为2	1.32	0.69	0.00	2
X13	收购补贴	一般为1，不满意为0，满意为2	0.88	0.77	0.00	2
X14	农机补贴	一般为1，不满意为0，满意为2	1.29	0.66	0.00	2

8.4.2.2　描述性统计分析

通过统计农民对来年油菜种植意愿情况分布状况，在所调查的农户中，有11.30%的农户愿意在来年增加油菜种植面积，有75.08%的农户选择维持面积不变，有13.62%的农户选择减少面积（见表8-2）；农户对于生产补贴政策的态度中，有13.08%的农民为"不满意"，40.86%的农户选择"一般"，46.05%的农户选择"满意"（见表8-3）；对于收购补贴政策的态度中，有36.22%的农民选择"不满意"，38.57%的农户选择"一般"，24.22%的农户选择"满意"（见表8-4）；对于农机购置补贴政策的态度中，有11.62%的农民选择"不满意"，有47.57%的农户选择"一般"，40.81%的农民选择"满意"（见表8-5）。

表8-2　农户油菜种植意愿状况　　　　　单位：个,%

选择	样本数	比例	累计分布
减少面积	252	13.62	13.62
维持面积	1389	75.08	88.70
增加面积	209	11.30	100.00

表 8-3　生产补贴政策满意状况　　　　　单位：个,%

选择	样本数	比例	累计分布
不满意	242	13.08	13.08
一般	756	40.86	53.95
满意	852	46.05	100.00

表 8-4　收购补贴政策满意状况　　　　　单位：个,%

选择	样本数	比例	累计分布
不满意	670	36.22	36.22
一般	732	38.57	75.78
满意	448	24.22	100.00

表 8-5　农机购置补贴政策满意状况　　　　　单位：个,%

选择	样本数	比例	累计分布
不满意	215	11.62	11.62
一般	880	47.57	59.19
满意	755	40.81	100

多重共线性检验：本章借助 Stata12.0 软件，选用多重共线性诊断法对各自变量之间是否存在多重共线性问题进行诊断。首先将年龄作为因变量，其他变量作为自变量，进行回归分析，计算得出各自变量的方差膨胀因子，然后依次采用其他因变量作为自变量进行同样检验，最终结果显示方差膨胀因子均小于 10，表明各自变量之间不存在多重共线性。测算出以年龄作为因变量，其他变量作为自变量的方差膨胀因子，如表 8-6 所示，受限于本章篇幅，此处就不对其他自变量方差膨胀因子进行一一罗列。

表 8-6　多重共线性检验结果

变量	方差膨胀因子	1/方差膨胀因子
性别（X1）	1.03	0.9750

续表

变量	方差膨胀因子	1/方差膨胀因子
家庭收入（X3）	1.68	0.5968
受教育程度（年）（X4）	1.04	0.9618
家庭人数（X5）	1.52	0.6585
家庭劳动力数量（X6）	1.56	0.6429
现有耕地面积（X7）	2.52	0.3968
油菜面积（X8）	1.91	0.5235
化肥费用（X9）	1.18	0.8439
人工数量（X10）	1.24	0.8037
人工费用（X11）	1.07	0.9385
生产补贴（X12）	1.41	0.7101
收购补贴（X13）	1.41	0.7080
农机补贴（X14）	1.33	0.7513

8.4.3　数据说明、模型估计、结果讨论

8.4.3.1　数据来源说明

本次调查问卷数据由国家油菜产业技术体系团队负责完成，为客观真实反映当前我国油菜生产动态，调查范围涉及各综合试验站合作建立的 5 个油菜示范县（示范县不足 5 个的，可根据实际情况来定），每个县随机选择 3 个行政村（个别较大的区或县级市会多于 3 个），每个村随机选择 6 个农民（包括未种油菜的农民）进行座谈调查，并填报调查问卷。对选定的生产县、行政村和种植的户登记造表。每个综合试验站选派一个工作人员作为调查人员，每个县确定 3 名农技推广人员协助参与试验站调查工作。2015/2016 年调查深入乡村，实地临田考察、集中座谈与逐一上门访问相结合，使调查结果具有较强的随机性与客观性。本次共调查全国 14 个省份的冬油菜产区（湖北、湖南、江西、安徽、江苏、浙江、上海、河南、四川、贵州、云南、陕西、重庆以及广西），涵盖了全部冬油菜主产地区；调查油菜主产县共计 125 个，占我国油菜生产大县（20 万亩以上）的

89.27%；涉及 387 个行政村，共计 2288 户农户，收回有效问卷 1848 份，有效问卷率为 80.77%。

8.4.3.2 模型估计结果分析

将表 8-1 中所设置的因变量与自变量放置于多元 Logistic 模型中进行回归，得出结果如表 8-7 所示。

表 8-7 模型估计结果

变量	系数	标准差	z 值	p 值
性别（X1）	-0.6523	0.2024	-0.32	0.747
年龄（岁）（X2）	-0.0012	0.0062	-0.20	0.838
家庭收入（X3）	0.0214	0.0148	1.44	0.149
受教育程度（年）（X4）	0.1497	0.0807	1.85	0.064
家庭人数（X5）	0.0159	0.0353	0.45	0.653
家庭劳动力数量（X6）	0.0664	0.0579	1.15	0.252
现有耕地面积（X7）	-0.0028	0.0010	-2.77	0.006
油菜面积（X8）	0.0064	0.0023	2.81	0.005
化肥费用（X9）	-0.0028	0.0009	-2.90	0.004
人工数量（X10）	-0.0064	0.0145	-0.44	0.663
人工费用（X11）	0.0056	0.0022	2.47	0.013
生产补贴（X12）	0.2616	0.0920	2.84	0.004
收购补贴（X13）	0.1411	0.0831	1.70	0.090
农机补贴（X14）	-0.0471	0.0945	-0.50	0.618

8.4.4 结果讨论

8.4.4.1 农户变量

根据实证分析结果，农户受教育程度在 10% 的水平上显著影响农户油菜种植意愿，影响方向为正向。表明受教育程度越高的农户油菜种植意愿越强，在其他条件不变的情况下，农户受教育程度每增加一个层次，农户的种植意愿增加的概

· 156 ·

率为 1. 152%。这是由于教育程度高的农民对市场相关信息的获取能力较强，在调研中发现，在油菜籽价格较低的状况下，一些受教育程度高的农户采用卖菜籽油代替销售油菜籽，此外，国家取消油菜籽临时收储政策是将油菜产业发展交由市场来调节，则是在一定程度上放开油菜产业发展空间，受教育程度高的农户对市场变化的应对能力相对较强，故受教育程度较高的农民会继续坚持种植油菜。

8. 4. 4. 2　生产变量

农户现有耕地面积在 10% 的水平上显著影响农户油菜种植意愿，影响方向为负向，其对应的 exp（b）为 0. 99，即在其他因素不变的情况下，农户现有耕地面积每增加一个单位，农户选择种植油菜的概率下降 0. 99%，油菜的竞争作物主要是小麦，小麦机械化程度相对较高，规模效益突出，可以解释为耕地面积大的农民更倾向于种植小麦，故耕地面积越大的农户则种植小麦的比较效益也就越高，此外，部分耕地面积大的农户是通过土地流转而来的，土地成本相对较高，这些农户的农产品多用于商品流通，而并非自给自足，表现出更为明显的经济理性，在油菜比较效益下滑状况下，面积越大的农户效益下滑得越严重，故面积较大的农户油菜种植意愿会下滑。农户原有油菜种植面积大小对油菜种植意愿表现为正向影响，由于油菜的种植相对效益较低，不少农户种植油菜目的仅用于满足家庭食用，在油菜失去国家保护价格支持的状况下，农户的油菜种植面积对油菜种植意愿表现为正向影响，由于这些农民长期从事油菜生产，对于油菜生产农艺相对熟悉，不愿改变现有种植结构，故对油菜种植意愿较强。

化肥投入成本对农户的油菜种植意愿呈负向影响，这是由于化肥作为主要的物质资本投入，化肥投入成本的增加必然引起油菜生产总成本上升，势必会降低农户种植意愿。劳动力价格表现为正向影响，通常情况下，劳动力成本越高，农民更倾向于从事非农活动，但是随着农业机械化的比例不断增加，农民从事农业生产活动的人工投入越来越少，因此劳动力成本越高的状况下，农民更加倾向于采用机械化方式进行生产，故而对农民的种植意愿表现为正向的影响作用。

8.4.4.3　政策变量

政策变量中的生产补贴政策以及收购政策对农户的油菜种植意愿均为正向影响，显著水平分别为5%和10%，生产补贴政策通常是由政府对油菜种植户予以一定实物或现金补贴，通过降低油菜种植成本来增加农户种植收益，油菜的种植收益越高则农民种植油菜的积极性也就越强。统计结果显示，在油菜收储政策已经取消的背景下，农民种植油菜的意愿有所下降，但部分省份对于油菜种植大县或大户予仍以一定补贴，虽然补贴程度有限，但收购政策是稳定农民油菜种植收益的重要方式，主要通过稳定油菜籽收购价格的方式来提高油菜籽种植户的种植利润，可见油菜收购政策对于农民的种植意愿影响较强。从影响程度方面来看，生产补贴政策比收购政策更能提高农民油菜的种植积极性，由于收购政策是一种最低价格保护政策，对油菜的种植收益影响并不直接，只有市场价格低于最低收购价格时，政策的效果才得以显现，而生产补贴是直接降低油菜的生产成本，农民受益感受更加强烈。

8.5　政策建议

8.5.1　合理定位政策预期目标

科学合理定位农业政策预期目标是正确农业政策得以贯彻实施的关键，由于农业产业具有先天"弱质性"，在通常情况下，农业政策的出台主要是以扶持幼稚产业为目的。短期来看，政策支持力度越大则对促进农业经济增长能力越强，则政策效果越明显，但考虑到农业产业的可持续发展，农业政策就仅能充当辅助和补充作用，不可过分依赖使之成为产业发展过程中的"保护伞"，故在农业政策设计之初，应充分明确各项农业政策的预期目标，坚持以预期目标为导向，避免对农业产业的过度保护，培育农业产业的"自力更生"能力。此外，政策实施重在培育农业经营主体的抵御市场风险能力，一方面农业生产要素以及产品供需市场环境复杂多变，另一方面农业供给侧改革正迅速推进，各项农业改革将逐步展开，随着一些农业支持政策取消或国际市场形势变化，国内市场必然存在诸多不适应，目前我国各项农业支持政策较多，农业产业应当建立健全其风险防控机制，着重培育市场主体的抗风险能力以应对市场异常波动。

8.5.2　提高农业政策的精准性与全面性

提高农业政策的精准性与全面性，农业包含多个生产环节和多个品种，各环节以及各品种方面存在较大差异，政策的制定应具有针对性，此外，农业政策具体落实需以财政资金作为保障，如何以有限财政支出实现农业政策效果最大化，应根据各农业产业特征制定相应的产业政策，根据产前、产中以及产后所面临的主要问题来制定产业政策，从本章的分析结果可以发现，对于降低生产成本以及提高农民收益的政策农民较为敏感，建议在开展生产补贴中，增加农资补贴的权重，以实物补贴方式来刺激农民种植积极性。政策制定的全面性也是完善政策的关键，农业政策初衷必然是促进农业经济发展，因此政策制定中不仅要政策执行的预期效果，同样要将政策取消后的影响纳入考虑范围，唯有综合全面考虑政策执行前后的影响，才能保障政策实施效果的全面性。但在政策执行过程中，农业市场必然会对政策产生依赖性，政策取消应评估其后期可能带来的影响，尤其对于政策的取消要采取循序渐进的方式，以减小政策骤变对农业产业带来的不利影响，从油菜籽临时收储政策取消后的市场反应可以看出，政策变化对市场冲击较大，给整个油菜产业发展造成巨大影响。

8.5.3　科学规划政策导向构建农民理性预期

农业政策制定的根本目的是促进农业稳定发展以及实现农民增收，那么在政策制定之初，就应当基于目标导向制定各项农业政策，不断完善政策实施机制，避免政策漏洞，使政策基本符合预设方向实施，基本达到政策目标。此外，要构建市场的理性预期，农业政策的短期作用及长期作用应当明确，及时准确地发出市场信号，使市场对政策进行理性预期，降低政策变动对市场的冲击。

第 9 章　我国油菜产业发展现状、潜力及出路

9.1　引言

随着人民生活水平的不断提高，中国油脂油料需求快速增长（王佳友等，2017），人均食用植物油消费量从 1996 年的不足 8 千克上升到 2016 年的 24.8 千克。在国内油料产量有限的情况下，增加油料进口成为满足日益增长的国内植物油需求的主要途径（何杰夫等，2011）。2017 年全国植物油消费总量 3565 万吨，其中，我国自产植物油仅有 1100 万吨，自给率仅为 30.8%，国内产量逐渐难以满足消费需求，供需缺口与日俱增。尤其是在当前中美博弈日趋激烈且长期化的背景之下，中国大豆进口的不确定性将长期存在，因此，应重视国内市场政策干预来应对国际市场波动（王文亭等，2018），以保障我国食用植物油和饲用蛋白的有效供给，这对于有效应对中美贸易摩擦具有重要的战略性意义。

油菜作为我国国产植物油第一大油源，每年可提供优质食用油约 520 万吨，

占国产植物油的 55%；每年还生产高蛋白饲用饼粕约 800 万吨，是我国第二大饲用蛋白源；且油菜的生产主要是利用冬闲田，具有不与粮食作物争地的作物优势，目前长江流域尚有冬闲田 1 亿亩以上，产业发展潜力巨大。并且大力发展油菜产业，是有效应对我国大豆进口不确定性、维护国家油料和饲用蛋白供给安全的重要战略举措。本章基于当前中美贸易摩擦的背景之下，在大量实地调研并取得丰富一手资料的基础之上，通过系统梳理我国油菜产业发展中的问题和潜力，为我国油菜产业发展提供一些切实可行的政策建议。

9.2 油菜产业发展现状

近十年来，虽然我国油菜产业在生产、贸易、加工以及消费等方面取得了长足发展，但在此过程中，也面临着一些问题。在生产方面：我国油菜籽单产水平得到明显提升，平均单产由 2008 年的 122.36 千克/亩上升为 2017 年的 133.01 千克/亩；总播种面积和总产量以 2015 年临时收储政策取消为界发生了显著变化，2015 年之前整体呈现增长趋势，2015 年总播种面积和总产量最高分别为 11301.5 万亩和 1493.07 万吨，2015 年之后则是略有减少，2017 年分别为 9979.52 万亩和 1327.41 万吨，但四川始终保持良好的增长趋势。在贸易方面：由于国内油菜籽价格要明显高于进口油菜籽，且我国油脂需求总量不断增加，导致我国油菜籽进口量长期呈现上升趋势，进口总量巨大。2008 年油菜籽、菜籽油和菜籽粕进口量分别为 201.8 万吨、38.9 万吨和 30.6 万吨，2017 年分别达到 460 万吨、80 万吨和 90 万吨，10 年间增长高达 2~3 倍。虽然近年来我国油菜籽进口格局略有改善，进口来源地也更加趋于多元化，但是目前对加拿大的进口依存度依然较高，存在着较大的潜在贸易风险。在加工方面：我国油菜主产区主要是"本地加

工就地消费"的模式，在非主产区域，如浙江、福建、广东等沿海省份，主要以
进口油菜籽作为加工原料，相比之下，在主产区以国产油菜籽为原料的大中型加
工企业因亏损严重而大量减少，油菜籽加工以小型企业为主，并且加工产能过剩
问题较为突出，这些企业生存困难。在消费方面：我国菜籽油和油菜饼粕消费总
量整体均呈现上升趋势，2008~2018 年我国菜籽油消费量由 458.00 万吨增长为
580.00 万吨，涨幅高达 26.64%；受国产油菜籽减产和替代产品冲击影响，2015
年之后，我国菜籽粕需求量曾出现短暂下滑，但随着我国水产养殖业的快速发
展，菜籽粕市场需求有所恢复，2016~2018 年菜籽粕总需求量由 652 万吨增加至
681 万吨，增长 4.45%。

9.3　油菜产业发展潜力

9.3.1　面积潜力

油菜作为我国主要的越冬作物，在种植方面具有不与粮食争地的优势。通过
大力发展油菜产业，可以充分利用现有的冬闲田，从而有助于提高土地利用率；
此外，油菜也是良好的用地养地作物，尤其是目前广泛主推的"稻油轮作"模
式可提高水稻单产 6.3% 左右，促进了农田生态系统的良性循环（卢胜等，
2018）。目前，我国有大量的冬闲田尚待开发利用，调查数据显示①，仅湖北、
湖南、四川、江苏、江西、安徽 6 省的冬闲田面积就高达 8800 万亩，其中可用
于种植油菜的冬闲田有 4950 万亩，整个长江流域可用于种植油菜的冬闲田高达
6400 万亩以上，足见油菜种植面积具备较大的发展空间。

---

① 数据来源：根据各省农业厅提供的数据进行汇总所得。

9.3.2 产量潜力

在单产方面。目前我国油菜优良品种单产潜力均达 200 千克/亩（区域测产），通过良种良法配套以及农机农艺融合，油菜平均单产可在现有基础上（2017 年全国平均单产 133.01 千克/亩）提高 20%（159.6 千克/亩），单产具有较大的增长潜力。

在产油量方面。中国农业科学院油料作物研究所培育成的新品种中油杂 19 号和中油杂 39 号，在全国区试和湖北省区试中含油量分别达 50.0% 和 51.2%；而目前我国油菜商品籽含油量约为 43%，采用高含油量品种使商品菜籽含油量达 50% 左右是可行的。含油量提高 7 个百分点相当于产量提高 16%。再加上可开发利用的冬闲田有 6400 万亩（约相当于目前种植面积的 65%），如果充分利用，可实现我国菜籽油总产量翻一番的目标。

9.3.3 效益潜力

通过农机与农艺融合，推广应用全程机械化轻简高效栽培技术，发展适度规模经营，不仅有助于提高油菜的单产，而且还可以有效降低生产成本。在多功能开发利用方面，一些交通便利地区及城市周边，采用适当的种植技术，收获菜薹后对菜籽产量不会造成太大负面影响，可增加一季菜薹收入；此外，还可以结合当地的人文资源，通过举办油菜花节大力发展旅游业，促进三产融合，不断拓展餐饮、住宿、购物等与油菜花相关的产业链，实现产业效益以及农户收入最大化。如湖南省农委 2018 年联合省旅发委、衡阳市政府，在全国率先举办"油菜花儿开，三湘等您来"省级油菜花节，共计吸引游客 536 万人次，实现综合收入 21.4 亿元。积极研发具有增精（增加精子数量和活力）等功能的高端功能型油菜芽和油菜薹，增加富硒和富维生素 C 产品的供给；采用绿色高效加工新技术，生产具有预防心脑血管疾病、促进人类大脑及视网膜发育等多重功能的功能型双低菜籽油；保持菜籽油中的多酚、维生素 E 等特色营养物质，形成具有不同营养成分的营养健康食用油产品（杨瑞楠等，2018）。通过将这些优质原料与先进的加工技术相结合，形成中国特色的油菜系列产品，与进口菜籽、菜油形成差异化，对进口菜籽或菜油形成技术壁垒，可以提高国产油菜籽和油菜产品的国际竞争力。目前湖北省监利县采用"加工企业（合作社）+基地+农户+标准化生产+品牌营销"发展模式，这一模式通过大力发展高附加值的功能型菜籽油及系列产品，实现综合效益翻番，对种植油菜的带动效应明显，具有很好的发展前景。

9.3.4　市场潜力

我国菜油及菜粕市场需求潜力巨大。随着我国居民生活水平的逐步提高，人们对食用油的需求更加趋于多元化，主要表现为需求层次的提档升级。国产双低菜籽油作为我国品质好、营养价值高的大宗油料产品，可以满足广大消费者的高品质食用油需求，这也是农业走高质量发展之路的基本方向；并且在长江流域油菜主产地区的居民对菜籽油尤其偏好，这一点从菜籽油销售价格可以充分体现，在四川、湖南以及江西等部分地区的浓香型菜籽油销售价格高达 10~15 元/斤，且多年以来价格十分稳定，基本不会受国际市场低价色拉油影响，市场需求旺盛（四川为满足当地居民这种偏好，采取了多种措施，种植面积持续增加，总产持续增长）。油菜籽中饼粕含量超过 50%，是优质的饲用蛋白来源，市场需求旺盛，售价可达 2000 元/吨以上。

替代大豆潜力巨大。自中美贸易摩擦以来，中国主动减少大豆进口，在国内催生了国内油料尤其是油菜产业的发展潜力。油菜和大豆均为油、蛋白兼用作物，且油菜是进口大豆的最佳替代品。目前油菜品种一般含油量为 43% 左右（陈兆波等，2010），1 吨油菜籽可出油 0.35~0.4 吨，比进口大豆出油率高 75% 甚至 1 倍，1 亩油菜相当于 2 亩大豆的产油量；每吨油菜籽还生产约 0.6 吨高蛋白饼粕，此外，由于其硫氨基酸的含量高于大豆饼粕，加拿大有研究表明，其饲喂奶牛后，产奶量比以豆粕饲养的奶牛要高出 10% 以上。因此，通过利用冬闲田来发展油菜产业，也是应对中美贸易摩擦的有效途径之一。

9.3.5 科技进步潜力

在产量方面。单子叶水稻、小麦等作物通过利用矮秆性状使种植密度、抗倒性和耐肥性显著提高（邱丽娟等，2011），从而大幅度提高单产，促成了农业的第一次绿色革命。目前，油菜的理想株型及与收获指数相关性状研究取得了一些进展，高产高收获指数品种筛选方面也开展研究，从理想株型入手，通过优化株型结构、配合适宜的轻简化栽培技术、提高收获指数的农技农艺相结合的方式，可以实现油菜单产的大幅度提升（比现有最优品种单产提高 50% 以上），完全有可能实现以高油脂高蛋白双子叶作物为目标的第二次绿色革命。

在含油量方面。目前我们种植的大多数油菜品种含油量在 43% 左右，而我国已经创制了一批资源中含油量超过 60% 的品系，且目前已育成含油量达 50% 及以上的品种（沈金雄等，2011）。如果这些高油品种在全国范围内推广应用，油菜籽的平均含油量将在现有水平基础之上提高 7 个百分点，相当于产量提高了 16%。

9.4 油菜产业发展的制约因素

9.4.1 种植效益较低，农民积极性不高

单产偏低。目前我国冬油菜主产区油菜生产发展不均衡、平均单产较低，特别是湖南、江西等主产区均在 100 千克/亩左右。一是由于前茬水稻秸秆在还田

之后，油菜机械播种难以实现一播全苗，会严重影响油菜收获株数；二是良种良法未能得到很好的推广与应用，良种产量潜力没有发挥出来；三是收获机械与目前种植品种不配套，收获损失达 20%～30%，因此导致收获产量较低；四是种子市场混乱，优良品种推广难度大，市场品种多乱杂，造成优良品种特性发挥不出来。

种植成本偏高。油菜种植成本近年来有继续攀升的趋势，主要有以下几方面原因，一是由于农村用工、生产资料（农药化肥）、地租成本均上涨，这些普遍存在的外在性因素，在短期内难以取得改观（钟甫宁，2016）；二是长江流域主产区主要的稻油种植模式，在水稻秸秆禁烧后，水稻的秸秆处理费用增加（50～80 元/亩），且防病治草费用亦增加；三是缺乏高效、集成的全程机械化种植技术，劳动力投入较大。如江苏从 2015～2018 年每亩生产总成本由 920.2 元上升为 1055.4 元，年均上涨 3.7%；种植环节净利润均为负值，种植大户只能通过对菜籽进行初加工销售来获得收益。湖北油菜生产成本 2005～2016 年从 227.4 元上涨为 514.38 元，年均上涨 11.5%。除此之外，我国油菜籽产量偏低，种植成本偏高，直接导致油菜种植效益较低，严重影响农民的种植积极性。

9.4.2　大中型加工企业生存困难，小榨坊油品质量堪忧

在油菜主产区域，以国产油菜籽为主要加工原料的大中型企业，由于受到低价进口原料影响，除少数企业可以维持生产之外，加工企业普遍经营困难。如湖北菜油加工大中型企业开工率 2008 年为 90% 以上，2014 年为 45.9%，2017 年降至 5% 以下。目前国产油菜籽主要是由当地小榨坊加工，其产品也是在当地销售。如湖南 11 个县有小榨油坊 1500 多家，只有 4 家稍具规模油脂加工企业。这种小榨坊加工菜籽，一是存在卫生问题；二是能耗高；三是产品质量难以保证，难以形成品牌，更无法通过 QS 认证进入超市。这种低水平的加工方式难以充分挖掘菜籽油的营养和保健功能，也无法实现标准化生产，更难以达到产业化发展的目的。

9.4.3 进口冲击大，缺乏国际竞争力

海关数据资料显示，2017 年我国进口油菜籽达 460 万吨，是 2010 年的 2.62 倍，进口量不断攀升。此外，进口来源地过于单一，油菜籽进口主要来源于加拿大，进口油菜籽价格与国产保持 800~1500 元/吨差价，而菜籽油差价更大，足见我国油菜籽在价格方面长期处于竞争劣势；另外，国家限制内陆产区进口油菜籽的政策，只允许沿海非主产区进口油菜籽，导致内陆主产区加工业原料十分匮乏，很大程度上推动了沿海非主产区产能扩张，严重冲击了主产区油菜加工业发展。沿海地区油脂企业依靠进口油菜籽和菜籽油的低成本优势，向内陆地区销售低成本初级油或成品油，而我国"小榨"油的总甾醇、维生素 E、β-胡萝卜素、叶黄素以及多酚含量较高等特性由于加工技术落后而难以实现标准化生产和品牌化经营（周琦等，2011）。在以上双重作用下，降低了我国油菜产业的国际竞争力。

9.4.4 菜油品牌建设缺位，产业效益尚待提升

由于目前我国油菜主产区以小榨坊加工为主，普遍经营规模较小，虽然小榨坊所生产的浓香型菜籽油广受消费者青睐，且销售价格也远高于其他类型进口油品，但销售量和范围十分有限。并且小榨坊经营者多数是兼业行为，季节性的经营十分普遍，也往往表现"小富即安"，不具备发展成为区域性品牌的意愿和能力。此外，小榨坊规模小、加工技术落后，油品质量难以控制，无法通过质量认证门槛，不能进入超市等高端市场（加工能力每天达到 200 吨方可获得 QS 认证，才能进入超市），这就导致"小榨"油的销售多以熟人社会为主的基本局面。因此，具有明显价格优势的"小榨"油，虽然能够稳定油菜产业发展，但从长远来看，有必要对此类榨油作坊进行技术改造和升级，以最大限度发挥其产业价值潜力。

我国内陆油菜主产区以国产油菜籽为原料的大中型加工企业,一方面由于国产菜籽数量有限,且在现有政策下不允许进口菜籽进入这些地区,形成内陆油菜生产区原料不足、开工率低的状况;另一方面沿海油脂加工企业依靠进口原料充足且成本低,产品倾销内陆市场,挤压了内陆省份尤其是主产区很大的油脂行业市场份额和利润空间,因而内陆油菜主产省份大中型油脂加工企业市场竞争力弱,企业生存困难,品牌建设更是"有心无力",导致国产菜油品牌建设严重滞后。

公众对菜籽油的优异品质认知不足,宣传力度不够。在优质菜籽油品牌建设缺失的情况下,市场中广泛宣传的"调和油"对公众消费选择产生较大误导,尤其是低价的"调和油"与国产双低优质菜籽油形成同质竞争现象突出。事实上,双低菜籽油是饱和脂肪酸含量最低、不饱和脂肪酸含量最高且多不饱和脂肪酸组成合理的最健康的大宗食用油,其营养品质超过被人们视为高端油品的"茶油"和"橄榄油"。正是由于公众对菜籽油的营养价值认知不足,导致双低菜籽油"优质"未能实现"优价",且目前市场各类调和油鱼龙混杂,尚未建立完善统一的质量评定标准,导致食用植物油市场的"劣币驱逐良币"屡见不鲜。

9.4.5 政策扶持力度小,支持方向"错位"

政策扶持力度过小,且关键环节缺位。来自中央财政直接支持油菜产业发展的政策几乎没有,且多数地区的国家粮油大县奖励资金由地方政府予以统筹,实则分配至油菜产业发展上已寥寥无几。此外,油菜作为水稻的后茬作物,前季水稻的秸秆处理成本转嫁至油菜,额外增加了农民种植油菜成本,严重挫伤了农户种植积极性,目前也缺乏相关政策对此予以补贴,急需政策支持来弥补油菜生产中的外部性成本。

支持方向"错位",政策效果甚微。一方面目前针对油菜同季竞争作物小麦的补贴力度较大,导致很多具备油菜生产比较优势、不适宜种植小麦的区域改种小麦，导致这些区域小麦生产的低质量发展，这既不利于小麦的可持续性发展，同时也会严重挤压油菜产业的发展空间。另一方面，目前过于单一化的补贴政策并不能弥补产业面临的"短板"，而对于油菜产业的关键性环节，如生产层面的机械化推广与应用、加工设备的改造升级、产品品牌建设等方面，政策又往往表现出严重缺位。

9.5　促进油菜产业发展的政策建议

9.5.1　实施差异化发展战略，实现产品高端化，提高国际竞争力

双低菜籽油在大宗食用植物油中饱和脂肪酸含量最低，不饱和脂肪酸含量最高，且多不饱和脂肪酸组成较为合理（李殿荣等，2016），非常符合人类营养与健康对不同脂肪酸的需要，是最健康的大宗食用油品种。油菜籽除含油脂和蛋白质之外，还富含多种活性功能成分，如甾醇、维生素 E、β-胡萝卜素、植物多酚等，这些活性功能成分对保障人体健康具有重要作用，是有助于提升国民身体健康的重要油料品种。目前，依托中国农业科学院油料作物研究所开发的功能型菜籽油绿色加工新技术与装备，制油工艺不仅轻简、绿色、低耗、高效，而且菜籽油中活性功能成分流失较少，与传统菜籽色拉油相比活性成分含量大大提高，其中总甾醇、维生素 E、β-胡萝卜素、叶黄素以及多酚含量是色拉油的 2~30 倍（王汉中，2018），且色香味形俱佳，产品质量也优于国家卫生标准。若实现该项技术的产业化，不仅可以生产差异化的优质油脂产品满足消费者的高端需求，提升产品的附加值，提升销售价格和产业效益，而且能实现我国油脂产品与国外油脂产品的差异化，形成有效技术壁垒，从而降低进口油菜籽对国产油菜籽的替代

性，大大提升了我国油菜产业的国际竞争力。

9.5.2　建立标准体系和标识制度，规范食用油市场，实现优质优价，维护消费者食用油健康

建立食用植物油生产标准体系，加强对产品市场流通秩序的监管，形成科学、标准、规范以及可识别的产品标识。在标准构建方面，可以按照浓香型、功能型（如高亚麻酸、高甾醇、维生素 E、β-胡萝卜素、植物多酚等要素含量）加以区分，尤其是要加强对国外转基因油菜籽及其产品的标识力度，规范并监管"调和油"生产标准，建立起规范的"调和油"原料和脂肪酸组成标识制度。进一步依靠先进加工技术和强大监管力度，防止"劣币驱逐良币"现象的发生，以实现食用植物油的优质优价，维护消费者食用油健康以及规范油料市场竞争环境。

9.5.3　实施油菜创新专项，实现提产降本增效

一是要通过协同攻关，逐步突破和完善高产高油多抗双低广适机械化的理想型新品种、智能化联合直播技术与装备、田间智能管理技术与装备、高效低损收获技术与装备等绿色、优质、轻简、高效关键技术，建立油菜全产业链绿色优质高效关键技术集成模式，实现全程机械化和适度规模化生产，提高单产并降低生产成本。二是要突破和完善高硒高钙高维生素 C 高产多抗新品种、油蔬两用技术、菜薹机械化收获技术和装备，为功能型油菜薹的产业化、规模化、品牌化开发提供新品种、新技术、新装备，增加油蔬两用种植效益。三是要突破和完善不同花期花色新品种和花期调控新技术，延长油菜花期、丰富油菜花色、增强油菜花节的宣传力度等，促进一二三产业融合，提升产业经济效益。同时，还要进一步突破油菜芽食用技术、油菜苗饲用技术、油菜苗肥用和粮油合理轮作技术等，为油菜的多元化开发利用提供技术支撑。不仅可以大幅度提高油菜产量，增加油

脂有效供给，而且有助于提升油菜产业整体效益和国际竞争力。

9.5.4 强化政策支持，实现油菜产业良性发展

加大油菜主产区产业补贴力度，重点支持产业发展中的薄弱环节。尤其是在以长江流域为主的油菜生产保护区，加大对保护区的政策扶持力度并逐步优化扶持方向。在生产方面，加大秸秆处理、农机服务以及统防统治补贴资金投入力度，从而降低油菜种植成本。在加工方面，加大对小榨坊的技术改造升级补贴力度，将小型先进菜籽加工成套装备纳入农机购置补贴，采用统一先进的加工技术和装备，实现统一的高端优质产品质量标准，形成统一完善的营销模式，构建菜油市场的高端品牌，通过提升油菜产业的整体效益，以实现效益为导向来带动产业发展。

第10章 油菜临时收储政策调整、发展困境及出路

2015 年 6 月 18 日，国家发改委等部委下发了《关于做好 2015 年油菜籽收购工作的通知》（国粮调〔2015〕99 号），调整完善油菜籽收购政策，中央决定对湖北、四川、湖南、安徽、江苏、河南、贵州油菜籽主要产区的油菜籽收购适当给予补贴，其他省份则由地方政府组织进行收购。这意味着国家取消执行了 7 年的油菜籽临时收储政策，该政策执行之后，国内油菜籽收购价格大幅下滑，后期油菜籽价格虽有所回升，但较往年同期仍处于低位，农户油菜种植收益严重受损，中国油菜种植面积也迅速下滑，中国油菜产业面临前所未有的挑战。

取消油菜籽的临时收储政策是推进农业供给侧结构性改革的重要举措，也是当前农业发展宏观形势所迫。当前农业生产过高的问题较为突出，其中农业生产资料以及人工成本上升最为明显，三大主粮亩人工成本由 2009 年的 188.39 元上升到 2014 年的 446.75 元，上升幅度达 137.14%。土地成本由 2009 年的 114.62元上升到 2014 年的 203.94 元，增加幅度为 77.93%，在价格下跌与成本上升双重因素作用下，国内各种农产品利润明显下滑，不仅挫伤了农业经营者的生产积极性，而且不利于中国农业长期可持续发展。在国际方面，大量低价农产品涌入国内，对国内农业发展形成巨大冲击，以油菜产业为例，长期以来，我国大量进

口国外低价油菜籽，且中国油菜籽进口来源地过于单一，目前中国90%以上的油菜籽均来自加拿大，随着进口数量的不断扩增，国内油菜籽定价权将面临缺失，中国油菜产业将较大程度受制于国外，在市场预期尚不明朗的状况下，油菜籽相关经营者的合理收益将难以保障。

油菜作为中国主要的油料作物之一，不仅是居民重要的食用油来源，其副产品菜籽粕也是十分重要的饲用蛋白源，当前，中国油菜产业发展面临较大挑战，在农业供给侧改革的大环境下，保持农业产业发展的平稳过渡十分重要，探寻中国油菜产业当前面临的问题以及深入分析中国油菜产业发展困境及其成因尤为紧迫，因此，本章基于油菜产业发展的现实特征旨在摸索出一条符合中国实际的油菜产业发展思路。

10.1　中国油菜产业发展现状

10.1.1　油菜籽单产明显提升

中国农业经济快速增长，农民生活水平快速改善。这些成效一方面归结于以家庭联产承包责任制为代表的制度创新，另一方面是由于农业技术进步所推动（黄季焜，2008），实践证明科学技术始终是第一生产力（邓小平，1993），周瑞明（2009）指出技术进步对提高农业生产率效果明显，农业技术进步是促进农业经济增长的主要动力和途径，以提高农产品的品质和数量来实现农业增产与农民增收，其中提高农作物单产是增加农民油菜种植收益最快速有效的方式（梅星星等，2015）。近年来，中国各种农作物单产均获得大幅提升，以油菜为例，2000年油菜籽单产仅为1532.25千克/公顷，至2015年上涨为1959.75千克/公顷，增长率高达 27.9%，不过单产水平仍低于世界平均水平 2031 千克/公顷，位居世界第九，可见中国油菜籽单产仍具备较大上升空间。

10.1.2 品种培育综合实力提升较快

油菜种子品种培育能力是反映油菜生产技术的重要指标。在现阶段，中国油菜种子领域的自主创新涉及的育种单位呈现多样化趋势，其中包括国家级科研单位、省级农科院、高等院校、市级农科所、种业企业。前三类单位在油菜品种选育中优势十分明显，其中，2015 年主要从事该行业研究开发活动的高校 15 个、研究机构 38 个和企业 46 个。企业也具有研发团队，整体科研素质高，是我国自主创新的人力资源及储备力量。自"十三五"以来，全国共育成油菜新品种 600 多个，2015 年农业部审定的油菜品种共有 275 个。

10.1.3 播种面积开始下滑

中国是油菜生产大国，油菜播种面积以及总产量始终位居世界前列，2015 年中国油菜播种面积达 730 万公顷，位居世界第二，油菜总产量为 1430 万吨，位居世界第三，但近几年面积下滑趋势明显，从近 5 年油菜总播种面积以及总产量来看，2011~2014 年中国油菜种植面积以及总产量保持稳定增长趋势，2014 年中国油菜种植面积达 758.8 万公顷，总产量达到 1477.2 万吨，是近 10 年来的最高水平。2015 年种植面积和总产量较 2014 年略有减少，种植面积环比减少 3.8%；总产环比减少 3.2%，而在单产方面，近五年中国油菜单产稳中有升，年均增长率为 1.73%。

10.1.4 油菜籽进口规模扩大化进口来源地呈单一化

中国油菜籽进口量和进口金额增长明显。油菜籽进口量由 2011 年的 126.2 万吨增长至 2015 年的 447.0 万吨，年均增长率 46.0%；进口金额由 49.94 亿元

增长到 127.26 亿元，年均增长率 39.1%。其中，2014 年中国进口油菜籽 508.2
万吨，总金额达 174.55 亿元，为历史最高。其中，中国油菜籽进口主要来自加
拿大，在 2011 年以及 2012 年占比均达 99% 以上，2013 年起自加拿大的进口份额
略有下降，但仍占到进口总量的 75% 以上；在 2014 年进口来源国家增加至 7 个，
其中从澳大利亚的进口份额超过 10%，进口来源地单一化格局略有改善。在菜籽
油进口方面，加拿大也是中国的主要进口国，在 2011 年从加拿大进口量占总进
口量的比重为 95.42%，在 2013 年虽然有所下降，但仍高达 60.70%。其他菜籽
油进口来源地国家所占份额均较小，唯有从阿联酋的进口增加较快，2013 年以
来份额已超过 10%。

贸易强度指数通常用于分析两个贸易伙伴之间贸易关系紧密程度，该指数越
高说明两国的贸易关系越紧密。其计算公式为：

$$TII_{ij}^{k} = \frac{\left(\dfrac{X_{ij}^{k}}{X_{iw}^{k}}\right)}{\left(\dfrac{M_{jw}^{k}}{(M_{ww}^{k} - M_{iw}^{k})}\right)} \qquad\qquad (10-1)$$

其中，TII_{ij}^{k} 表示 i 国出口到 j 国 k 产品的贸易强度指数，X_{ij}^{k} 表示 i 国出口到 j
国 k 产品贸易额，X_{iw}^{k} 表示 i 国出口世界 k 产品贸易额，M_{jw}^{k} 表示 j 国 k 产品进口
额，M_{ww}^{k} 表示世界 k 产品进口额，M_{iw}^{k} 表示 i 国 k 产品进口额。$TII_{ij}^{k} > 1$ 表示 i 国对
j 国 k 产品的出口水平高于同期 j 国在世界 k 产品进口市场中所占的份额，即 i 国
和 j 国在 k 产品上贸易关系紧密，反之亦然。一般来说，i 国与 j 国贸易互补性越
强，该指数就越高。

根据式（10-1）分别测算出 2002~2015 年中国与加拿大油菜贸易强度指数，
如表 10-1 所示，由于加拿大油菜籽生产成本较低，所带来的巨大的价差致使国
外油菜籽大量涌入中国市场，中国对加拿大油菜籽贸易强度指数为 0，而加拿大
对中国油菜籽贸易强度指数均值为 2.23，加拿大对中国油菜籽的出口水平高于同
期中国从世界市场上的进口份额，说明在油菜籽出口贸易上加拿大与中国贸易关

系比较紧密，即加拿大油菜籽在中国市场上的开拓程度较大，且加拿大对中国油菜籽贸易强度指数在 2007 年以后维持在较高水平，且波动幅度比较小。中国油菜籽和菜籽油进口来源于加拿大，十分不利于保障进口的稳定性。一旦加拿大自身发生自然灾害导致油菜籽减产，或者出现国际性政治原因所引发的禁运，中国必需的进口有可能无法得到保证，从而影响到国内菜籽和菜籽油的有效供给。

表 10-1　2002~2015 年中国与加拿大油菜籽贸易强度指数

年份	中国对加拿大油菜籽贸易强度指数	加拿大对中国油菜籽贸易强度指数	年份	中国对加拿大油菜籽贸易强度指数	加拿大对中国油菜籽贸易强度指数
2002	0.00	0.82	2009	0.00	2.55
2003	0.00	2.17	2010	0.00	2.44
2004	0.00	2.55	2011	0.00	2.54
2005	0.00	1.97	2012	0.00	2.50
2006	0.00	2.12	2013	0.00	2.33
2007	0.00	2.28	2014	0.00	2.29
2008	0.00	2.59	2015	0.00	2.10

注：根据 UNComtrade 数据库计算整理所得。

10.2　油菜产业发展困境

10.2.1　国内外油菜籽生产成本差距大

国内油菜种植成本居高不下且不断攀升，《全国农产品成本收益资料汇编》数据显示，2009 年中国油菜籽成本为 6546.45 元/公顷，中国 2014 年油菜籽种植亩成本为 13076.25 元/公顷，数据表明，在此期间，油菜籽亩成本以及斤成本均翻了一番。而油菜籽种植收益的增长速度远不如油菜成本上升的速度，2009年每公顷油菜籽收益为7043.85元，油菜籽市场价格为3.52元/千克，2014年每公顷油菜籽收益为10501.95元，油菜籽市场价格为5.22元/千克，但在2015年油菜籽国内市场均价仅有4.14元/千克。可见国内油菜籽收益上涨速度远不及油菜籽成本上涨速度，且油菜籽价格下滑进一步造成油菜籽种植收益的下降。由于中国油菜籽进口主要来自加拿大，故选择加拿大作为参照对象，根据加拿大油菜籽协会所公布数据进行折算，2013年加拿大油菜籽种植成本为5560.55元/公顷，比中国低7102.35元/公顷；巨大的油菜籽成本差所带来最终的价格差对中国油菜产业造成巨大冲击（李谷成等，2015）。

10.2.2 国内外市场价差巨大

当前，国内油菜籽加工企业利润不断被压缩，一方面，油菜籽价格较低，导致农民惜售，企业收购油菜籽困难，造成油菜籽加工企业产能出现严重过剩；另一方面，国内外油菜籽价格差距较大，国内油菜籽在国际上竞争力较弱（翁信启等，2016）。2014年国内油菜籽市场价格为4920元/吨，进口到岸价格为3380元/吨，国内外价差高达1540元/吨；2015年油菜籽国内市场价4140元/吨，进口到岸价2840元/吨，价差1300元/吨；国内外油菜籽价格差使国内油菜籽在价格方面难以形成竞争力。从油菜籽种植户的角度而言，油菜籽的种植利润在不断压缩甚至直面亏损状况。自2013年起，油菜籽和菜籽油的进口到岸价逐年降低，2014年油菜籽进口到岸价3387.65元/吨，环比减少17.4%。2015年油菜籽进口到岸价2846.77元/吨，环比减少16.0%。2014年菜籽油进口到岸价6202.9元/吨，环比减少20.0%。2015年菜籽油进口到岸价为5023.8元/吨，环比减少19%。无论是油菜籽还是菜籽油的进口到岸价均不断下滑。

10.2.3 临时收储政策的实施成本过高

在临时收储政策的执行过程中，政府利用财政资金按照规定收储价格和计划收购量在油菜收获季节进行收储，后期压榨成菜籽油进行公开拍卖。政府油菜籽收购的负担资金与菜籽油拍卖后的回收资金的差额（忽略人工费、压榨费等）可以大致度量中央财政用于油菜籽临时收储政策的补贴金额。截至 2014 年底，中央财政用于油菜籽临时收储政策的补贴金额共计 933.63 亿元。2008~2014 年中央财政对油菜补贴力度明显加大，财政负担增加。一方面，中央财政用于油菜临时收储的负担资金总体增加，从 2008 年的 29.48 亿元增加到 2014 年的 167.79 亿元，国家每年负担资金最高可达 253.98 亿元，到 2014 年用于油菜收购的负担资金高达 1060.13 亿元。实行油菜临时收储政策期间，政府财政支出不断扩大。另一方面，油菜临时收储拍卖价格大幅下降，在 2014 年临时收储拍卖价格仅 5761.96 元/吨。受进口菜籽油影响，拍卖量有所减少。政府财政回收资金相比政府负担资金缺口较大。

10.3　中国油菜产业困境成因

10.3.1　生产规模

在农村劳动力老龄化以及非农化作用下，劳动力成本不断上升，过高的劳动力成本推动油菜籽总生产成本呈逐年上涨趋势（金福良等，2013）。2016 年国家油菜产业技术体系测产调查结果显示，2014 年中国油菜平均经营规模为 0.39 公顷/户，根据加拿大油菜产业协会公布的数据，加拿大则为 120.46 公顷/农场，研究表明油菜生产总成本与种植规模具有反向关系。原因在于，油菜种植规模的扩大往往促进生产机械化程度的提高，从而节约劳动力投入（大户劳动力投入为 3.61 工日，较小户劳动力投入 6.22 工日，降低 41.96%），种植大户在购买生产资料时拥有更高的议价能力，购买生产资料的价格相对较低，可见中国与加拿大相比在生产规模方面处于明显劣势，这也是国内油菜生产成本高居不下的重要原因。

10.3.2 汇率变化

汇率变化是影响国际贸易的重要因素（熊秋芳等，2013），由于中国进口油菜籽和菜籽油主要来自加拿大（近三年来占我国油菜籽和油菜籽进口量80%以上），因此与加拿大间的贸易是本章的重点，采用贸易竞争力指数来反映加拿大油菜竞争力情况。贸易竞争力指数是指某一产业或产品的净进口与其进出口总额之比，是反映产业或产品的国际竞争力的重要指标。本章先采用这一指数分别衡量加拿大油菜籽、菜籽油两种产品的竞争力，然后计算人民币美元汇率变动对加拿大油菜籽和菜籽油竞争力的影响。

表10-2中分别列出油菜籽贸易竞争力指数、菜籽油贸易竞争力指数以及同期汇率分别将加拿大油菜籽贸易竞争力、菜籽油贸易竞争力、人民币汇率取对数，分别建立双对数模型，用于测度油菜籽贸易竞争力、菜籽油贸易竞争力对人民币汇率的弹性。模型结果显示，加拿大油菜籽贸易竞争力对人民币汇率弹性系数为-0.234，且在5%的显著性水平下显著，表明人民币汇率每下降1个百分点，加拿大油菜籽贸易竞争力将上升0.234个百分点。加拿大菜籽油贸易竞争力对人民币汇率弹性系数为-0.215，且在10%的显著性水平下显著，表明人民币汇率每下降1个百分点，加拿大油菜籽贸易竞争力将上升0.215个百分点。进口油菜籽和菜籽油对国内油菜产业的冲击，一方面受到我国油菜生产成本上升的影响，另一方面也受到近年来人民币升值的影响。自2002年以来，人民币美元汇率从8.28升值到6.23，升幅32.9%，加剧了国内外市场价差，以2015年为例，该年油菜籽和菜籽油的国内外市场价差实际为1288.92元和2444.68元，若该年人民币美元汇率为8.0，则市场价差分别为479.19元和1015.73元，价差幅度减少近60%。

表 10-2　2000~2015 年加拿大油菜籽贸易竞争力指数

年份	油菜籽贸易竞争力	菜籽油贸易竞争力	同期人民币美元汇率
2000	0.898	0.758	8.279
2001	0.878	0.868	8.277
2002	0.828	0.869	8.277
2003	0.862	0.917	8.277
2004	0.911	0.907	8.277
2005	0.946	0.886	8.192
2006	0.944	0.873	7.972
2007	0.931	0.837	7.604
2008	0.948	0.925	6.945
2009	0.931	0.825	6.831
2010	0.937	0.814	6.770
2011	0.954	0.939	6.459
2012	0.947	0.899	6.313
2013	0.948	0.926	6.193
2014	0.954	0.928	6.143
2015	0.952	0.961	6.228

资料来源：UNComtrade 数据库。

10.3.3　进口贸易调控政策

油菜籽进口的调控政策主要包括关税政策、进口配额政策以及油菜籽主产省进口油菜籽限制政策。我国在 2006 年取消油菜籽和菜籽油配额限制，并将进口关税均降至 9%。低关税政策和取消配额管理，促使油菜籽及其制品进口大幅度增加，对中国油菜产业国际竞争力形成冲击，由于进口油菜籽加工效益明显高于国产油菜籽，这使主产区如长江流域的油菜加工企业陷入困境，对油菜加工产业整体竞争力不利。2009 年中国商检部门实施临时性检验检疫措施后，规定进口油菜籽可在海南、广东、广西、福建、河北、辽宁、天津 7 个非主产区入关，并且就地加工，不得异地转售，但菜籽油的自由流动也间接地冲击了国内油菜籽市场。

10.4 油菜产业出路及思考

10.4.1 建立双低油菜籽保护区

中国长江流域是世界非转基因双低优质油菜的优势主产区（殷艳等，2010），建议综合考虑生态类型和发展基础等因素，优先在长江中游主产省建设双低优质油菜保护区，推进"品种双低化、全程机械化、功能多元化、服务社会化、加工标准化、品牌优质化"。对保护区主产省，要完善产业扶持政策，重点争取出台油菜籽目标价格政策；对保护区重点县，特别是20万亩以上的重点县要加大奖补，提高资金用于统一供种、机械化技术推广和产业化发展的比重，鼓励地方制定奖补措施发展油菜生产；对种植大户，要实施精准补贴，启动长江流域油菜机械化作业补贴，支持种植大户进行机械化生产。要大力推广油菜绿色增产增效模式，突出农科教结合、良种良法配套、农机农艺融合，推进油菜新品种新技术示范推广和全程机械化，以发展科技为主导推动效益增长。

10.4.2 发挥油菜籽期货价格调节机制

临时收储政策取消之后油菜籽市场价格将面临更多的不确定性，市场变动方向更不明朗，当前，应积极完善和规范油菜籽期货制度与期货市场，向油菜籽生产者以及加工者宣传油菜期货方面知识，鼓励相关油菜籽加工者运用期货工具进行套期保值，理性规避油菜籽价格波动风险，使油菜种植者对油菜种植收益形成稳定预期，保障油菜相关经营者合理收益，保障国内油菜产业稳定健康发展，鼓励油菜籽加工企业理性采用油菜籽期货功能规避油菜市场价格波动风险，使油菜经营者形成合理的收益预期，从而保障油菜的基本种植规模。

10.4.3　积极推进油菜进口"多元化"战略，优化进口来源地格局

目前，我国油菜籽和菜籽油进口来源地单一化格局十分明显，进口过度集中于加拿大，既不利于保障进口的稳定性，也会削弱中国与加拿大油菜籽和菜籽油贸易谈判的话语权。为了保证国家油料作物供给稳定，应积极推进油菜进口"多元化"战略（刘春明等，2007），增加油菜籽进口来源渠道，能够有效降低进口国单一带来的贸易风险（舒友花，2006）。建议未来应将俄罗斯及蒙古的菜籽油作为开拓海外油料作物产品来源的重点，制定发展规划，支持企业建立稳定可靠的进口保障体系。

10.4.4　挖掘油菜多功能潜力，提升产业价值

油菜除油用功能外，还具有菜用、肥用、花用、绿用、饲用、蜜用等多种功能，随着技术进步和品种改良，这些功能已逐步显现出其巨大的生态价值和经济价值。油菜根系能活化、利用难溶性磷，硫苷能熏蒸灭杀土传病虫害，秸秆氮、磷养分释放率高，可以减少后茬作物化肥和农药使用量，提高下茬粮食产量 10%以上，油菜亩平均生物学产量可达 3000 千克以上，发展饲料油菜，配套青贮技术，可以适应草饲动物养殖需求，冬春油菜种植，菜薹可以作为优质蔬菜，增加绿色植被，油菜花开季节可以发展观光旅游。因此，采取政策引导，挖掘油菜的多功能性可以大大提升油菜产业的整体价值。

10.4.5　实施产地加工、就地消费策略，稳定菜籽油国内市场份额

分布在油菜主产区县乡村的小型榨油厂已逐步显现出其特有竞争力。一方面，小型油厂加工出的"原汁原味"浓香型菜籽油深受消费者认可，尤其是受油菜产区城乡居民的喜爱；另一方面，小型油厂加工过程透明、受消费者信赖，

同时又便于农民以籽换油、自产自销，达到稳定收入的目的。在进口食用油冲击日益激烈的情况下，小型加工厂及其市场份额已逐步成为食用油的市场堡垒，稳定了食用油的市场份额。因此，积极支持小型油厂的发展，在财政政策上将其设备购买和改造列入农资补贴范畴，并在技术上不断改造升级，在管理上逐步规范，小型油厂及其市场占有将会成为稳定油菜生产、塑造民族特有品牌的重要阵地。

参考文献

［1］曾靖，常春华，王雅鹏．基于粮食安全的我国化肥投入研究［J］．农业经济问题，2010（05）：66-70.

［2］王祖力，肖海峰．化肥使用对粮食产量增长的作用分析［J］．农业经济问题，2008（08）：65-68.

［3］罗小娟，冯淑怡，石晓平，等．太湖流域农户环境友好型技术采纳行为及其环境和经济效应评价——以测土配方施肥技术为例［J］．自然资源学报，2013，28（11）：1891-1902.

［4］史常亮，郭焱，朱俊峰．中国粮食生产中化肥过量使用评价及影响因素研究［J］．农业现代化研究，2016，37（04）：671-679.

［5］李昌健．测土配方施肥技术回答［M］．北京：中国农业出版社，2005.

［6］李谷成，梁玲，尹朝静，等．劳动力转移损害了油菜生产吗？——基于要素产出弹性和替代弹性的实证［J］．华中农业大学学报（社会科学版），2015（01）：7-13.

［7］廖佳丽．测土配方施肥水稻3414肥料效应的研究［J］．中国农学通报，2010（13）：213-218.

[8] 杨俐苹，白由路，王贺，等．测土配方施肥指标体系建立中"3414"试验方案应用探讨——以内蒙古海拉尔地区油菜"3414"试验为例［J］．植物营养与肥料学报，2011，17（04）：1018-1023.

[9] 向平安，周燕，郑华，燕惠民，等．符合经济生态效益的农田化肥使用量［J］．应用生态学报，2006（11）：2059-2063.

[10] 史常亮，朱俊峰．我国粮食生产中化肥投入的经济评价和分析［J］．干旱区资源与环境，2016（09）：57-63.

[11] Hicks，J. R. The Theory of Wages［M］．London：Macmillan，1932.

[12] 王寅，鲁剑巍，李小坤，等．移栽和直播油菜的氮肥使用效果及适宜施氮量［J］．中国农业科学，2011，44（21）：4406-4414.

[13] 李志玉，郭庆元，廖星，等．不同氮水平对双低油菜中双9号产量和品质的影响［J］．中国油料作物学报，2007，29（02）：78-82.

[14] 段海燕，王运华，徐芳森，等．不同甘蓝型油菜品种磷营养效率的差异研究［J］．华中农业大学学报，2001，20（03）：241-245.

[15] 唐金花．不同氮磷钾使用量对双季稻田早熟油菜产量和养分吸收的影响［D］．长沙：湖南农业大学，2013.

[16] 黄欠如，胡锋，李辉信，等．红壤性水稻土施肥的产量效应及与气候、地力的关系［J］．土壤学报，2006，43（06）：926-933.

[17] 唐秀美，赵庚星，陈百明，等．基于栅格数据的耕地测土配方施肥技术研究［J］．自然资源学报，2009，24（06）：975-983.

[18] 贺亚琴，冷博峰，冯中朝．基于"超越对数生产函数"对湖北省油菜生长产量的气候影响探讨［J］．资源科学，2015，37（07）：1465-1473.

[19] 王鹤龄，王润元，张强，等．甘肃省作物布局演变及其对区域气候变暖的响应［J］．自然资源学报，2012，27（03）：413-421.

[20] 吴丽丽，李谷成，尹朝静．生长期气候变化对我国油菜单产的影响研

究——基于 1985—2011 年中国省域面板数据的实证分析〔J〕. 干旱区资源与环境，2015，29（12）：198-203.

〔21〕白由路，杨俐苹. 我国农业中的测土配方施肥〔J〕. 土壤肥料，2015，29（12）：198-203.

〔22〕张富锁. 我国肥料产业与科学施肥战略研究报告〔M〕. 北京：中国农业大学出版社，2008.

〔23〕张智峰，张卫峰. 我国化肥使用现状及趋势〔J〕. 磷肥与复肥，2008，23（06）：9-12.

〔24〕洪传春，刘某承，李文华. 我国化肥投入面源污染控制政策评估〔J〕. 干旱区资源与环境，2015，29（04）：1-6.

〔25〕周生贤. 在全国土壤污染状况调查工作视频会议上的讲话〔J〕. 中国环境监测，2006（02）：31-32.

〔26〕Blakel，Johnstonae，Gouldingkwt. Mobilization of Alumiuminsoil by Aciddeposition and Its Uptake by Grasscut for Haya Chemical Time Bomb〔J〕. Soil Useand Management，1994（10）：51-55.

〔27〕张永强，蒲晨曦，王珧，等. 化肥投入效率测度及归因——来自 20 个玉米生产省份的面板证据〔J〕. 资源科学，2018，40（07）：1333-1343.

〔28〕仇焕广，栾昊，李瑾，等. 风险规避对农户化肥过量使用行为的影响〔J〕. 中国农村经济，2014（03）：85-96.

〔29〕王建华. 基于 DEA 方法的农作物成本效率测度及区域特征分析——以大豆为例〔J〕. 经济地理，2011，31（07）：1190-1195.

〔30〕Coelli TJ. Aguideto Frontie Rversion4. 1：Acomputer Program for Stochastic Frontier Production and Cost Function Estimation〔R〕. CEPA Working Papers，1996.

〔31〕孙炜，李谷成，高雪. 玉米生产成本效率的地区差异及其影响因

素——基于 17 个主产省 2004—2015 年的数据［J］．湖南农业大学学报（社会科学版），2018，19（02）：8-15+79.

［32］李然．中国油菜生产的经济效率分析［D］．武汉：华中农业大学，2010.

［33］栾江，仇焕广，井月，等．我国化肥使用量持续增长的原因分解及趋势预测［J］．自然资源学报，2013，28（11）：1869-1878.

［34］张锋．中国化肥投入的面源污染问题研究——基于农户使用行为的视角［D］．南京：南京农业大学，2011.

［35］赵红雷，贾金荣．基于随机前沿分析的中国玉米生产技术效率研究［J］．统计与信息论坛，2011，26（02）：52-58.

［36］冯颖，姚顺波，郭亚军．基于面板数据的有效灌溉对中国粮食单产的影响［J］．资源科学，2012，34（09）：1734-1740.

［37］向平安，周燕，郑华，等．符合经济生态效益的农田化肥使用量［J］．应用生态学报，2006，17（11）：2059-2063.

［38］熊秋芳，张效明，文静，李兴华，傅廷栋，沈金雄．菜籽油与不同食用植物油营养品质的比较——兼论油菜品质的遗传改良［J］．中国粮油学报，2014（06）：122-12.

［39］吴才武，夏建新．地沟油的危害及其应对方法［J］．食品工业，2014（03）：237-240.

［40］黄佳妮，杨梦倩，李娜．基于政府管制视角的地沟油现象成因及对策［J］．当代经济，2012（02）：21-23.

［41］赵丽佳，当前我国油料产业安全形势分析与政策建议［J］．农业现代化研究．2012，33（02）：135-139.

［42］陈新华，冯中朝，刘洁．技术性贸易壁垒（TBT）对我国食用油料产业安全的影响与保护的有效性分析［J］．农业现代化研究，2010，31（06）：

674-677.

［43］王汉中，殷艳．我国油料产业形势分析与发展对策建议［J］．中国油料作物学报，2014，36（03）：414-421.

［44］王瑞元．2018年我国油料油脂生产供应情况浅析［J］．中国油脂，2019，44（06）：1-5.

［45］杨湄，刘昌盛，周琦，郑畅，黄凤洪．加工工艺对菜籽油主要挥发性风味成分的影响［J］．中国油料作物学报，2010（04）：551-557.

［46］Lin，J. Y. Rural Reform and Agricultural Growthin China［J］．American Economic Review，1992，82（01）：34-51.

［47］Fan S. Effects of Technological Change and Institutional Reformon Production Growthin China Agriculture［J］．American，Journal of Agricultural Economics，1991，73（02）：266-275.

［48］Macmillan J，J. Halley and L. Thu. The Impact of China's Economic Reforms on Agricultural Productivity Growth［J］．Journal of Political Economy，1989，97（04）：781-807.

［49］蔡昉，王美艳．从穷人经济到规模经济——发展阶段变化对中国农业提出的挑战［J］．经济研究，2016（05）：14-26.

［50］万广华，程恩江．规模经济、土地细碎化与我国的粮食生产［J］．中国农村观察，1996（03）：31-36+64.

［51］苏旭霞，王秀清．农用地细碎化与农户粮食生产——以山东省莱西市为例的分析［J］．中国农村观察，2002（03）：22-28+80.

［52］钟甫宁．正确认识粮食安全和农业劳动力成本问题［J］．农业经济问题，2016（01）：4-9+110.

［53］张维迎．博弈与社会［M］．北京：北京大学出版社，2013.

［54］杨瑞楠，张良晓，毛劲，喻理，姜俊，张奇，李培武．双低菜籽油营

养功能研究进展［J］．中国食物与营养，2018，24（11）：58-63.

［55］张哲，殷艳，刘芳，王积军，傅廷栋．我国油菜多功能开发利用现状及发展对策［J］．中国油料作物学报，2018，40（05）：618-623.

［56］夏青．中美贸易中的农业版图［J］．农经，2018（05）：24-31.

［57］刘成，黄杰，冷博峰，冯中朝，李俊鹏．我国油菜产业现状、发展困境及建议［J］．中国农业大学学报，2017，22（12）：203-210..

［58］王发龙．中国海外经济利益维护机制探析［J］．学术交流，2015（04）：119-124.

［59］张亚杰，李京，彭红坤，陈秀斌，郑红裕，陈升孛，刘安国，胡立勇．油菜生育期动态模拟模型的构建［J］．作物学报，2015，41（05）：766-777.

［60］张乃根．WTO贸易救济争端裁决的执行及其比较［J］．暨南大学学报（哲学社会科学版），2014，36（05）：1-9.

［61］国家发展和改革委员会宏观经济研究院课题组，马晓河，赵苹，刘现伟．中国产业安全态势评估、国际借鉴及若干对策建议［J］．改革，2009（04）：5-21.

［62］黄建，霍军生，王竹天．中国大众食物强化项目营养素的适宜强化水平和法规限值的综合评估［J］．卫生研究，2008，37（S1）：54-59.

［63］陆胜民，郑美瑜，陈剑兵．食用菜籽蛋白的提取和纯化研究进展［J］．中国粮油学报，2008，23（06）：234-238.

［64］刘长鹏，周建新，王明洁，吴定，姚明兰．食用植物油质量安全存在的隐患与对策［J］．中国油脂，2004（05）：10-13.

［65］魏艳骄，李翠霞，朱晶，张玉娥．我国奶牛养殖业市场价格风险评估研究［J］．价格理论与实践，2016（02）：141-144.

［66］许世卫，李哲敏，李干琼，董晓霞．农产品市场价格短期预测研究进

展［J］.中国农业科学，2011（17）：3666-3675.

［67］李优柱，李崇光，李谷成.我国蔬菜价格预警系统研究［J］.农业技术经济，2014（07）：79-88.

［68］王步云，吴振先.关于完善生猪价格预警监控机制的设想［J］.价格理论与实践，2009（12）：48-49.

［69］张峭，王川，王克.我国畜产品市场价格风险度量与分析［J］.经济问题，2010（03）：90-94.

［70］赵瑞莹，贾卫丽.农产品市场风险预警管理研究［J］.农业现代化研究，2004（01）：35-37.

［71］亚当·斯密.国富论［M］.北京：中央编译出版社，2011.

［72］朱满德，程国强.中国农业政策：支持水平、补贴效应与结构特征［J］.管理世界，2011（07）：52-60.

［73］程国强.发达国家农业补贴政策给中国的启示［N］.中国经济时报，2009-08-26（004）.

［74］陈慧萍，武拉平，王玉斌.补贴政策对我国粮食生产的影响——基于2004—2007年分省数据的实证分析［J］.农业技术经济，2010（04）：100-106.

［75］曹芳，李岳云.粮食补贴改革研究——以江苏省的调查为例［J］.当代财经，2005（04）：80-83.

［76］陈波，王雅鹏.湖北省粮食补贴方式改革的调查分析［J］.经济问题，2006（03）：50-52.

［77］钟春平，陈三攀，徐长生.结构变迁、要素相对价格及农民行为——农业补贴的理论模型与微观经验证据［J］.金融研究，2013（05）：167-180.

［78］穆月英，小池淳司.我国农业补贴政策的SCGE模型构建及模拟分析［J］.数量经济技术经济研究，2009（01）：3-15+44.

[79] 韩喜平，蒿荔．我国粮食直补政策的经济学分析 [J]．农业技术经济，2007 (03)：80-84.

[80] 陈飞，范庆泉，高铁梅．农业政策、粮食产量与粮食生产调整能力 [J]．经济研究，2010 (11)：101-114+140.

[81] 吕晨钟，许路遥．我国粮食安全与补贴政策研究 [J]．经济与管理，2012 (10)：15-18.

[82] 舒尔茨．改造传统农业 [M]．北京：商务印书馆，2006.

[83] 何树全．中国农业支持政策效应分析 [J]．统计研究，2012 (01)：43-48.

[84] 邓小华．粮食流通体制改革的经济效应分析——以安徽省来安县、天长市粮食补贴改革试点为例 [J]．农业经济问题，2004 (05)：64-66.

[85] 王佳友，何秀荣，王茵．中国油脂油料进口替代关系的计量经济研究 [J]．统计与信息论坛，2017, 32 (05)：69-75.

[86] 何杰夫，张博．中国食用植物油的供应量和消费量究竟是多少？[J]．中国农村经济，2011 (04)：87-92.

[87] 王文亭，卫龙宝，王倩倩．大豆市场政策干预对大豆国际价格的影响 [J]．中国农村经济，2018 (09)：47-61.

[88] 卢胜，张振华．长期稻油轮作改良土壤结构提高水稻产量 [J]．土壤通报，2018, 49 (02)：409-414.

[89] 杨瑞楠，张良晓，毛劲，喻理，姜俊，张奇，李培武．双低菜籽油营养功能研究进展 [J]．中国食物与营养，2018, 24 (11)：58-63.

[90] 陈兆波，余健．我国油菜生产形势分析及科研对策研究 [J]．中国油料作物学报，2010, 32 (02)：303-308.

[91] 邱丽娟，郭勇，黎裕，王晓波，周国安，刘章雄，周时荣，李新海，马有志，王建康，万建民．中国作物新基因发掘：现状、挑战与展望 [J]．作

物学报，2011，37（01）：1-17.

[92] 沈金雄，傅廷栋．我国油菜生产、改良与食用油供给安全 [J]．中国农业科技导报，2011，13（01）：1-8.

[93] 钟甫宁．正确认识粮食安全和农业劳动力成本问题 [J]．农业经济问题，2016（01）：4-8.

[94] 周琦，杨湄，黄凤洪，郑畅，刘昌盛．微波和脱皮处理菜籽对油中活性成分的影响 [J]．中国油料作物学报，2011，33（05）：507-512.

[95] 李殿荣，陈文杰，于修烛，王灏，任军荣，张耀文．双低菜籽油的保健作用与高含油量优质油菜育种及高效益思考 [J]．中国油料作物学报，2016，38（06）：850-854.

[96] 王汉中．以新需求为导向的油菜产业发展战略 [J]．中国油料作物学报，2018，40（05）：613-617.

[97] 黄季焜．制度变迁和可持续发展 [M]．上海：上海人民出版社，2008.

[98] 邓小平．邓小平文选 [M]．北京：人民出版社，1993.

[99] 周端明．技术进步、技术效率与中国农业生产率增长——基于 DEA 的实证分析 [J]．数量经济技术经济研究，2009（12）：70-82.

[100] 梅星星，冯中朝，王璐，郑炎成．油菜籽目标价格制度的机制设计、效应估判及细节观察 [J]．农业现代化研究，2015（02）：237-244.

[101] 李谷成，梁玲，尹朝静，冯中朝．劳动力转移损害了油菜生产吗？——基于要素产出弹性和替代弹性的实证 [J]．华中农业大学学报（社会科学版），2015（01）：7-13.

[102] 翁信启，朱再清．国产油菜籽与进口油菜籽的价差及其波动影响因素分析 [J]．中国农业大学学报，2016（07）：161-170.

[103] 金福良，王璐，李谷成，冯中朝．不同规模农户冬油菜生产技术效率

及影响因素分析——基于随机前沿函数与 1707 个农户微观数据 ［J］．中国农业大学学报，2013 （01）：210-217.

［104］熊秋芳，文静，沈金雄．依托科技创新推进我国油菜产业发展 ［J］．农业经济问题，2013 （01）：86-91.

［105］殷艳，陈兆波，余健，王汉中，冯中朝．我国油菜生产潜力分析 ［J］．中国农业科技导报，2010 （03）：16-21.

［106］刘春明，赵永刚．提升油菜产业竞争力的政策思考 ［J］．农业经济问题，2007 （04）：26-29.

［107］舒友花，郑炎成．湖北省双低油菜产业的社会化服务现状研究 ［J］．华中农业大学学报（社会科学版），2006 （01）：33-37.